Karl Schultz

Lehrer in Groß Schönwalde

Heimatkundliche und persönliche Aufzeichnungen

Karl Schultz

überarbeitet und ergänzt von
Helmut Dietrich

Herausgeber: Dr. habil. Helmut Dietrich

Herstellung und Verlag: BoD - Books on Demand, Norderstedt

ISBN: 9783759704313

Titelbild: Alte Schule von Groß Schönwalde

Vorwort

Das vorliegende Buch ist eine weitere Ergänzung der „Heimatgeschichte von Weitenhagen" von Karl Schultz (2014).
Karl Schultz war von 1900 bis 1915 Lehrer in Groß Schönwalde. Vorher hatte er von 1898 bis 1900 die Lehrerstelle der einklassigen Schule in Gladrow, Kreis Greifswald, besetzt, nachdem er von 1893 bis 1895 die Präparandenanstalt in Triebsees und von 1895 bis 1898 das evangelische Volksschullehrer - Seminar in Franzburg erfolgreich absolviert hatte.
Im Mai 1900 bestand er die 2. Lehrerprüfung am Seminar in Franzburg und wurde am 21. Juni 1900 endgültig als Lehrer angestellt. Außerdem hatte er eine Ausbildung als Organist.
Akribisch hat er alles ihm Wichtige im Bereich seiner Wirkungsstätten aufgeschrieben, beispielsweise die Finanzierung des Jahres - Schuletats und die Vergütung eines Lehrers in Groß Schönwalde. Seine Aufzeichnungen reichen bis in das Jahr 1951.
Mit großem Interesse widmete er sich bis zu seinem Tode im Jahr 1956 der Imkerei.

Helmut Dietrich

Inhalt

Groß Schönwalde

Groß Schönwalde ist eine vom Kloster Eldena im 13. Jahrhundert durch Einwanderer aus Mecklenburg, Schleswig - Holstein, Hannover und besonders aus dem Rheinland gegründete Ansiedlung in einem großen Waldgebiet, das damals von Eldena bis Gützkow reichte und zur Grafschaft Gützkow gehörte. Es bestand aus einem Hägerdorf und einem Vorwerk, dessen Einkünfte der Herberge des Klosters zur Aufnahme armer Wanderer zugewiesen waren. „Schönenwald" wird bereits in einer Urkunde 1298 erwähnt, kraft derer Herzog Bogislav IV. einige ostwärts von Schönenwalde und Abbetswold (oder Abteswalde - entspricht Koitenhagen) gelegenen Äcker (Hopfenhof u. a.) der Stadt verkaufte. 1328 besaß die Stadt Greifswald östlich von einem „Runden Busch" (Jagen 88) einen Hopfengarten. Einen Hof in Schönwalde erwarb 1320 der Greifswalder Bürgermeister Dietrich Schuppelenberg. Im rügischem Erbfolgekriege beim Einfall der Mecklenburger in das Gebiet der Abtei Eldena ging 1327 der Hof mit sämtlichen Getreidevorräten in Flammen auf. 1534 gehörten zur Feldmark Schönwalde 14 Hägerhufen zu je 60 Pommerschen Morgen (das sind 150 Magdeburger bzw. Preußische Morgen). Insgesamt 2100 Magdeburger Morgen, die 71 Mark und 12 Schilling Pacht brachten. Unterm 31. Juli 1631 verschrieb Herzog Bogislav XIV. der Witwe und den Erben seines Kanzlers D. Daniel Runge, zur Deckung des demselben rückständig gebliebenen Amtseinkommens Gerd Meyers, den im 30- jährigen Kriege verödeten Schulzenhof in Weitenhagen nebst 4 daran gelegenen Bauernhöfen in Schönwalde als Pfand. Der erstere war doppelt so groß als jeder der anderen.

Als 1535 die Reformation allgemein in Pommern eingeführt wurde, nahm der Pommernherzog Philipp I. das Kloster Eldena mit seinen Gütern und Einkünften in seinen Besitz. Die meisten Mönche verließen Eldena. Der Gottesdienst in der Klosterkirche wurde dem Pfarrer in Weitenhagen übertragen (bis 1852). Im Jahre 1634 kam Schönwalde mit den übrigen Klostergütern, die 1535 an das pommersche Herzoghaus gefallen waren, durch Schenkung Bogislavs XIV. an die 1456 gegründete Universität Greifswald.

Die Vermutung liegt nahe, dass der genannte Hof in Weitenhagen (Schulzenhof) mit den 4 (oder weniger) Höfen in Schönwalde nach Einlösung der durch den Herzog verpfändeten Höfe und Güter durch die Universität, die zum Teil erst in der Mitte des 18. Jahrhunderts gelang, die Grundlage gebildet haben zu dem Gut Klein Schönwalde, das in der Kirchenmatrikel von Weitenhagen aus dem Jahre 1633 noch nicht genannt wird. Ein Schulzenhof war unter dem 11. März 1631 dem fürstlichen Rentmeister zu Eldena und Inspektor zu Ludwigsburg Berend Dickmann wegen vorgestreckten Saat- und Brotkorns zum Betrage von 1444 Gulden verpfändet worden.

1748 hieß der Pächter von „Weitenhagen - Schönenwald" Richter. Im Dreißigjährigen Kriege wurden auch die Höfe in Schönewalde verwüstet. Um die zerstörten Wohn- und Wirtschaftsgebäude wiederherstellen zu können und das völlig verödete Land wieder in Kultur zu bringen, musste man vor allem auf Erlangung der nötigen Geldmittel bedacht sein. Professoren und Beamte der Universität erhielten für rückständiges Gehalt einzelne Bauernhöfe und Ackerwerke oder Ackerstücke zum Unterpfand und Darlehen mit der Bedingung, die zerstörten Gebäude aus eigenen Mitteln wieder aufzubauen.

1633 bestand das Dorf Schönwalde aus 7 Höfen, welche zusammen 27 ½ Landhufen ausmachten. (1 Landhufe entspricht 30 Pommersche oder 75 Magdeburger Morgen, im Ganzen also 2062,5 Magdeburger Morgen. Außer dem Rungeschen Hof (4 Höfe in Schönewalde) und dem Dickmannschen Hof gab es noch einen 3. Hof, den ein Bauer namens Jürgen Düwel (Teufel) bewohnte, und eine wüste Hofstätte mit 3 Landhufen, die nicht verpfändet war und deshalb 1634 von der Universität sogleich an den Rentmeister Dickmann verpachtet wurde.

Das Jahr 1637 war eines der schrecklichsten hinsichtlich der Verwüstung. Das Land wurde mit jedem Tage ärmer. Nach dem Tode Bogislavs XIV. 1637 bemächtigten sich die Schweden der Regierung des Landes. 1643 sicherten sie der Universität Kontributationsfreiheit für ihre Güter zu, da sie das Land als das ihrige ansahen und es zu schonen begannen. Kaum aber hatte sich das Land etwas erholt, da wurden ihm 1678 durch den Einfall des Kurfürsten Friedrich Wilhelm von Brandenburg neue Wunden hinzugefügt.

Nachteiliger war aber der Einfall der Dänen, Sachsen und Russen im Nordischen Kriege in den Jahren 1711 und 1712. Die ungeheuren Lieferungen, welche auf das Amt Eldena ausgeschrieben wurden, versetzten die Universität und ihre Bauern in neue Schuldenlasten.

Ebenso hatten Schönwalde und Koitenhagen im 7- jährigen Kriege 1756 bis 1763 stark zu leiden. 1758 wurde in Koitenhagen ein Grenadierbatallion unter dem Major v. Mannstein einquartiert.

Außerdem wurde der Wohlstand des Amtes Eldena durch das dreimalige Einrücken der französischen Kriegsvölker in Greifswald am 28. Januar 1807, am 14. Juli 1807 und am 27. Januar 1812 sehr gestört. Jedoch war man zu allen Zeiten bestrebt, den

Ertrag des Amtes zu heben und die Kultur der Güter zu fördern. Zu diesem Zwecke wurden verödete Höfe eingezogen und anderen noch bewohnten Höfen beigelegt. Auf diese Weise entstanden nach und nach immer größere Ackerwerke.

Die Pächter wurden dadurch unterstützt, dass ihnen Bauerndörfer zu Hofediensten überwiesen wurden. So mussten die Bauern in Koitenhagen nach Wampen und Leist Hofedienste leisten. 1756, als diese Umwandlung vorgenommen wurde, sollte auch Schönwalde ein solches Ackerwerk werden; aber es kam nicht dazu.

Um die Lage der Bauern zu erleichtern, wurden bereits unter dem schwedischen Statthalter Fürst zu Hessenstein die Frondienste abgeschafft, nachdem im 30-jährigen Kriege die Stettiner Bauernordnung von 1616 infolge Bestätigung durch die schwedische Regierung 1645 auch im Wolgaster Bezirk die Bauern in eine schlimme Lage gebracht hatte. Die renovierte Gesinde-, Tagelöhner-, Bauern- und Schäferordnung vom 29. September 1647 enthielt im Wesentlichen dieselben Bestimmungen, durch die in Vorpommern die bäuerlichen Wirte den erblichen Besitz verloren. Ihre Legung und Auskaufung war gestattet, sie selbst wurden für Leibeigene erklärt.

Jetzt wurden, zunächst auf den landesherrlichen Domänen, dann auch auf den Gütern des Amtes Eldena, mit Ausnahme vorläufig von Koitenhagen, die Grundstücke an die Bauern verpachtet. Dadurch sind nicht nur die Einnahmen des Amtes an Pacht vergrößert, sondern auch der Acker bei dem gegenseitigen Wetteifer der Bauern besser in Kultur gebracht worden.

Das Jahr 1810 wurde festgelegt als der späteste Termin der Erlangung der völligen Freiheit aller Untertänigen. In dieser Sache war auch das Wirken Ernst Moritz Arndts von entscheidender Bedeutung.

1816 - 1866 waren in Groß Schönwalde 5 Pachtbauern. Sie hießen (1822): Johann Knaack, Christoph Lühder, Jochen Marquard, der Schulze Marquard, Johann Offer. Ferner gab es 5 eigentümliche Katen, darunter war ein zweihischiger (2 Häuser unter einem Dach). Darin wohnten 1816 6 Eigentümer, deren Grundstücke zusammen 5 Morgen groß waren. Ihren Acker hatten sie von der Universität gepachtet.

Sie hießen (in der Reihenfolge von SW nach NE):

1822	1876	1900	1950
?	Grugel	Sass	Joh. Vallentin
?	Carl Bucker	Carl Bucker sen.	Hank
?	Johann Schuldt	Johann Schuldt	H. Hagemann II
?	Blohm	gehört Beug, ist	vermietet
?	Christian Beug	Christian Beug	Hensel
?	Borgwardt	Joh. Ohl	Krabbe

Am Sanzer Weg
(seit 1846):   Hermann Hagemann   Hagemann jun.   Ww. Hagemann jun.

Ferner gehörten zu Groß Schönwalde:

	1816	1859
das Schulzendienstland	3 Magdeburger Morgen	4 Magdeburger Morgen
das Schulgrundstück	½ Magdeburger Morgen	2 Magdeburger Morgen
die Försterei	11 ½ Magdeburger Morgen	1846 zu
der Krüger (Gastwirt)	31 Magdeburger Morgen	Koitenhagen
zur Kleinverpachtung	31 Magdeburger Morgen	

Die Feldmark Groß Schönwalde gehört zu den ergiebigsten des Kirchspiels Weitenhagen.

Nachdem die Staatsstraße zwischen Greifswald und Anklam gebaut war, wurde zur neuen Verpachtung 1846 diese Landstraße die Grenze zwischen Groß Schönwalde und Koitenhagen. Hierdurch kamen 75 Morgen von Groß Schönwalde an Koitenhagen (insbesondere das Förstereidienstland, der zum Krug gehörige Acker, Land zur Kleinverpachtung nördlich der Steinstrasse östlich vom Bierbach). Dagegen trat Koitenhagen an Groß Schönwalde 51 Morgen ab. Ein sonst nach Koitenhagen gehöriger Eigentümer trat damit nach Groß Schönwalde über (3 Morgen in dem spitzen Winkel, den die Steinstrasse zu dem Weg nach dem Schönewalder Wasserwerk und weiter nach Sanz bildet.): 1900 Hermann Hagemann sen., weiter dessen Sohn Hermann Hagemann jun. I, 1950 dessen Witwe Emma Hagemann geb. Bucker. Dadurch erhöhte sich 1846 die Zahl der Eigentümer in Groß Schönwalde auf 7. 1822 betrug die gesamte Einwohnerzahl von Groß Schönwalde 90.

Bei der Neuverpachtung 1866 ging man von dem Gesichtspunkt aus, dass zum rationellen Betrieb der Landwirtschaft in unseren Gegenden, bedingt durch deren Boden und Klima, es zweckmäßiger sei, einer Hand größeren Flächen zu übergeben, auf denen eine angemessene Zahl von Fruchtfolgen eingeführt werden kann. Die Universität ließ deshalb 2 von den 5 Höfen eingehen und teilte deren Ländereien den bleibenden Höfen zu. Hof I gegenüber dem Gutshof Koitenhagen (Galgenberg) wurde rund 402 Morgen groß, Hof II an der Koppel am Kirchsteig nach Weitenhagen 330 Morgen, Hof III beim jetzigen Wasserwerk rund 491 Morgen.

Pächter waren Matthäi, bis 1916 Basüner, bis 1945 Franz Nehls. Hof II brannte vor 1900 ab und wurde zu Hof I gelegt, ebenso die beiden dazu gehörigen Gutsarbeiterkaten am südwestlichen Eingang des Dorfes zu beiden Seiten des ersten Eigentümerhauses (Sass, Schult). Den ersten der beiden Katen erhielt nach dem 1. Weltkrieg bei Zuteilung einer angemessenen Ackerfläche Johann Vallentin aus Lassan, der dort siedelte. Hof III wurde von Diedrichshagen aus von dem dortigen Pächter Burmeister als Vorwerk zur Unterstellung von Jungvieh bewirtschaftet, nach ihm Ackerbürger Wulf aus Greifswald bis 1945. In dem Katen dortselbst wohnten 2 Gutsarbeiterfamilien (1900 Wallis und Möhr, Nachfolger des letzteren Heinrich Sass). Ferner gehörte zu Hof III noch der Katen auf der Wiese an der Steinstraße östlich vom Bierbach und von der Schule, in dem 3 Arbeiterfamilien wohnten. Die Büdner an der Dorfstraße hatten 1900 ihren Acker vor und hinter dem Hause in langen Streifen vom Bach an nach NW hin bis zum Gutsacker und zu beiden Seiten des Weges, der in nordöstlicher Richtung von der Steinstraße zwischen Bach und Försterei zum Südzipfel des „Runden Busch" (Jagen 88) und rechts herum zum „Hopfenhof" führt. Zur Schule gehörten 1 ½ Morgen hinter und 2 ½ Morgen vor dem alten Schulhause. Außerdem hatte der Lehrer 2 Morgen Wiese an der Chaussee beim Teich an dem genannten Wege zum Runden Busch gepachtet.

1913 wurde das Wasserwerk der Stadt Greifswald in Groß Schönwalde erbaut.

Am 25. Juni 1917 wurde das neue Schulhaus eingeweiht, erbaut neben der „Alten Schule" an der Chaussee.

Nach dem 1. Weltkrieg baute sich zwischen dem oben genannten Katen auf der Wiese zu Hof III und Hagemann I Georg Niemann an, der dort eine Gärtnerei betreibt. Georg Niemann ist der Sohn des Nachfolgers von dem Eigentümer Johann Ohl neben der alten Schule, der die Wirtschaft an Krabbe verkaufte. Ferner wurde nach dem 1. Weltkrieg die Steinstraße von der Schule bis zum Gutshaus gerade gelegt, da die Brücke über den Bierbach an einer Straßenkrümmung sich als Gefahrenstelle für durchfahrende Kraftwagen erwiesen hatte und zum Teil schon von diesen zertrümmert war.

Nach dem 2. Weltkrieg (Bodenreform) blieben Hof I, II und III Universitätsgut (Lehrgut). Einen Teil von Hof III erhielten die Klein Schönwalder Siedler. Den Acker auf Groß Schönwalder und Koitenhagener Gebiet, den die Eigentümer in Groß Schönwalde bisher von der Universität gepachtet hatten, erhielten sie zu eigen.

Koitenhagen

Koitenhagen (Abbetswalde, Abteswalde; auch Kotgenhagen: nach dem Erbauer Kotke benannt) ist eine im 13. Jahrhundert von Mönchen zu Eldena mit sassischen Einwanderern (aus dem mittelniedersächsischen bis westholländischen Raum) gegründete Ansiedlung. Es hatte 1543 6 Hakenhufen und 5 Katen und brachte 53 Mark und 15 Schilling Pacht. In diesem Dorfe haben nach der alten Kirchenmatrikel von 1633 2 Bauern, Hans Meier und Kasten Neuenkirchen, und 2 Kossaten (Dorfbewohner, die einen Katen besaßen, aber nur wenig Land) gewohnt. Ein 3. Hof und 3 Kossatenstellen und sonstige Gebäude waren im Dreissigjährigen Krieg verwüstet. Die Waldungen wurden durch das kaiserliche und das schwedische Kriegsvolk außerordentlich verwüstet und die besten Eichen und glattesten Buchen und andere der nutzbarsten Bäume wurden abgehauen und zum Schanzenbau und zur Feuerung verbraucht.

1816 gab es dort 3 Pachthöfe. Die Pächter hießen:

Hof 1: Johann Werner Schulze;

Hof 2: Christoph Mann;

Hof 3: Peter Mehl.

Ferner gab es einen Krug, „wobei ein Brunnen von schönem trinkbarem Wasser ist": das Gasthaus „Zur Quelle", und ein Försterhaus („Strohkamp"). Das war ein eigenartiger Katen, der 1846 nach dem Bau der Steinstraße zu Groß Schönwalde kam, und einen weiteren einhischigen Katen. Ein Bauernhof stand nordöstlich der Steinstraße nicht weit vom Nordwestufer des Bierbaches. Dieser trägt sicherlich seinen Namen zu Unrecht, denn nicht er ist es, der an der Eldenaer Brauerei vorbeifließt und dieser das Wasser liefert, sondern ein anderer Bach, der in der Nähe des Ebertsberges nach Diedrichshagen zu im Koitenhagener Wald entspringt und auf der Rehwiese den Bierbach kreuzt. Der Letztere mündet eine Strecke östlich von Eldena in die Dänische Wieck.

Koitenhagen hatte 1822 70 Einwohner.

Reservierte Wiesen waren zugelegt an Eldena: 83 Morgen; an Diedrichshagen: 58 Morgen (Rehwiese); Hanshäger Papiermühle: 9 ½ Morgen; Groß Schönwalde: 2 ½ Morgen. 1824 war die Kommunehütung (gemeinsame Weide für das ganze Dorfvieh) weggefallen. 1859 gab es nur noch 2 Bauernhöfe. 1900 war Pächter der Rittergutsbesitzer Becker, dem die Güter Boltenhagen, Rappenhagen und ein Hof zu Spiegelsdorf zu eigen gehörten und der diese mit den Pachtgütern Neuendorf bei Kemnitz, Eldena und Koitenhagen von seinem Wohnsitz Eldena aus bewirtschaftete. Nach dem 1. Weltkrieg baute sich Ringhand auf der Nordwestseite des Weges nach Eldena an, Schacher neben dem Gasthaus schon früher.

Nach dem 2. Weltkrieg blieb im Zuge der Bodenreform 1947 der größte Teil von Koitenhagen als Universitätsgut (Lehrgut) erhalten. Die Kinder besuchten wie bisher die Schule in Groß Schönwalde. 1950 wurde in Koitenhagen eine Betriebs - Berufsschule eingerichtet. Die Lehrkräfte wohnten in Greifswald und Weitenhagen. Es gab in Koitenhagen:

	1816	1859	1910
Höfe	3	2	1
Eigentümer	1	-	-
Försterei	1	1	1
Krug	1	1	1
Wegegeldstelle	-	1	-
Chausseehaus	-	-	1
Pumpstation Wasserwerk	-	-	1

Die Feldmark in Koitenhagen gehört, wie auch Groß Schönwalde, zu den fruchtbarsten des Kirchspiels Weitenhagen. Das Förstereigehöft liegt an der Chaussee zwischen dem Bach und dem Krug. Ehemals war der Strohkamp am östlichen Rande des Waldes bei Friedrichshagen Sitz des akademischen Försters, etwa bis zur Mitte des 19. Jahrhunderts, als die Försterei an der Chaussee erbaut wurde. Der Strohkamp wird jetzt (1915) von 2 Waldarbeitern bewohnt. Einer derselben, Joachim Kross, betreibt nebenbei im Sommer mit gutem Erfolg eine Schankwirtschaft. Besonders beliebt ist die „dicke Milch", an der man sich dort laben kann. Der Strohkamp wurde ein beliebter Ausflugsort der Umwohner, umso mehr, als die im Jahre 1899 eröffnete Kleinbahn Greifswald - Lubmin - Wolgast, die 1945 abgebaut wurde, den Bewohnern Greifswalds eine bequeme Ausflugsgelegenheit nach der Station „Weiße Buche", mitten im Walde, und somit nach dem Strohkamp bietet, ebenso auch nach dem Gasthaus „Zur Quelle", dessen Wirt August Henning (Vorgänger von Waldemar Schmidt) vor 1899 Sonntag nachmittags eine Kremserverbindung nach Greifswald unterhielt, um seine Gäste von dort abzuholen und wieder zurück zu befördern.

Da für Greifswald das Wasserwerk in Diedrichshagen nicht mehr ausreichend Wasser liefern konnte, wurde im Jahre 1903 in Koitenhagen eine Pumpstation hinter dem Kruge am Walde erbaut, von der aus das Wasser mittels elektrischer Kraft zu dem Wasserwerk in Diedrichshagen gepumpt und von dort nach Greifswald geleitet wird. Die Koitenhagener Quellen sind von besonderem Interesse, weil von ihnen 2 Bäche ausgehen, deren westlicher früher die Eldenaer Klostermühle trieb, andererseits, weil sie wegen ihres reinen Wassers den Plan einer Wasserleitung nach Greifswald anregten.

Ein Quellarm des „Forellenbaches", der an der Kleinbahnhaltestelle „Weiße Buche" vorbeifließt, liefert das Wasser für die bei der genannten Station um 1900 herum auf Anregung des Lehrers Herde in Greifswald besonders zur Forellenzucht erbaute Fischbrutanstalt. Deren Betreuung und Pflege übernahm Herde, der vorher als Lehrer in Grubenhagen gewirkt hatte und ein passionierter Naturfreund und Jäger war. Im 1. Weltkrieg ging die Anstalt wegen der Schwierigkeit der Laichbeschaffung ein. Nachdem sie am Ende des 2. Weltkrieges verwüstet und ihres Inventars beraubt war, wurde sie 1949 wieder in Betrieb gesetzt und benötigte 1950 2430 kg Brut und 180000 Setzlinge für die Greifswalder Fischerei.

Etwa 50 m nordwestlich der Schule zweigt sich von der Chaussee ein Weg ab, der nach dem „Runden Busch" weiter zum Elisenhain und nach Eldena bis an die Chaussee Greifswald - Wolgast führt, wo, von hohen Bäumen und grünem Rasen umgeben, die Klosterruinen an vergangene Zeiten erinnern. Nahe der Südwestecke des Elisenhains mündet in diesen Weg der „Schwarze Weg", die Fortsetzung des „Priesterweges", der die Anklamer Landstraße beim Chausseestein 37,7 kreuzt. Den „Priesterweg" benutzte der Pastor in Weitenhagen zu seinen Fahrten, wenn er in der Klosterkirche in Eldena oder in der Kirche zu Wieck (Filialen der Kirche Weitenhagen) predigen oder dort andere kirchliche Amtshandlungen verrichten musste (1235 – 1862). Pastor Michels ritt gewöhnlich auf einem Schimmel.

Zwischen Koitenhagen und Eldena liegen die sogenannten „Gränen", ein Überrest des früheren „Monnekeholt", das Koitenhagen von dem Kloster trennte und ein beliebtes Jagdrevier der Herzöge war. Zwischen Koitenhagen und der Stadt liegen (1910) 3 Gartenlokale, von Greifswald aus

1. der Mühlengarten (vor dem Mühlentor), jetzt „Bürgergarten Sans sousi",
2. der Kaisergarten (ein früheres Müllergehöft) und
3. der St. Georgengarten (nach dem Greifswalder Kloster St. Georg).

Zwischen dem St. Georgengarten und dem „Galgenberg" wird die Chaussee von einem Bach gekreuzt, der das Greifswalder Stadtgebiet abgrenzt und über den die „Weiße Brücke" führt.

Die Schule in Groß Schönwalde

Die Schule in Groß Schönwalde bestand schon zur Zeit der Kirchenvisitation 1748, während deren Verlauf gleichzeitig eine neue Kirchenmatrikel für Weitenhagen vereinbart wurde, die auch über die Schulen berichtet. Sie stand unter dem Patronat der Königlich Akademischen Administration in Greifswald und war eine sogenannte Winkel- (Neben-) Schule, die erst im Jahre 1833 als öffentliche Volksschule landesobrigkeitlich bestätigt wurde. Die Matrikel berichtet: „In Schönwalde hält itzo auf Vergünstigung derer Herren Patronorum ein gewisser „Mann" Schule. Weil aber derselbe bishero von dem Herrn Generalsuperintendenten annoch nicht geprüfet worden, so muss er sich dazu fordersamst gestellen oder des Schulhaltens entäussern."

In Weitenhagen betrug für diejenigen Kinder, welche im Lesen, Beten und Catechismo unterrichtet wurden, das wöchentliche Schulgeld 1 Schilling (Lschl), für diejenigen, welche zugleich schreiben lernten, 1½ Lschl. Zugleich hatten deren Eltern sich wegen des Holzgeldes (zur Heizung der Schulstube) mit dem Küster annehmlich abzufinden und für die Woche, da die Kinder unterrichtet wurden, wenigstens ½ Lschl. stattdessen zu erlegen. In dieser Weise wird in Schönwalde auch verfahren worden sein. „Alle Winkelschulen, die ohnedies in der Kirchenordnung verboten sind, sollen kassiert werden." (Matrikel von1748)

1801 bis 1809 war in Groß Schönwalde der Lehrer Friedrich Ludwig Wenzel. Er war 1765 in Treptow an der Rega geboren, erlernte das Schneiderhandwerk und lebte zuerst als Schneider auf der Wieck. Da er sich gute Schulkenntnisse in seiner Jugend erworben hatte und gut singen konnte und auch einige Zeit dem Seminarunterricht beiwohnte (das Volksschullehrer - Seminar bestand seit 1791 in Greifswald und wurde 1853 nach Franzburg verlegt), erhielt er auf sein Ansuchen die Schullehrerstelle in Groß Schönwalde. Dieser hat er 8 Jahre vorgestanden. Dann wählte ihn der Pastor Wienrich zum Küster von Weitenhagen. Es heißt:

"Wenzel hat sich immer durch seinen stillen, sittlichen und frommen Wandel ausgezeichnet und bei seiner geringen Vorbildung dennoch so viel geleistet, dass er sich der Zufriedenheit seiner Vorgesetzten erfreut hat. Er war ein dienstfertiger, bescheidener Mann. Er starb am 21. April 1830 in Weitenhagen." Seine Frau hieß Wilhelmine, geb. Vetter. Ihre Tochter Johanna war verheiratet mit dem Küster Ehmke, 1830 bis 1883 in Weitenhagen.

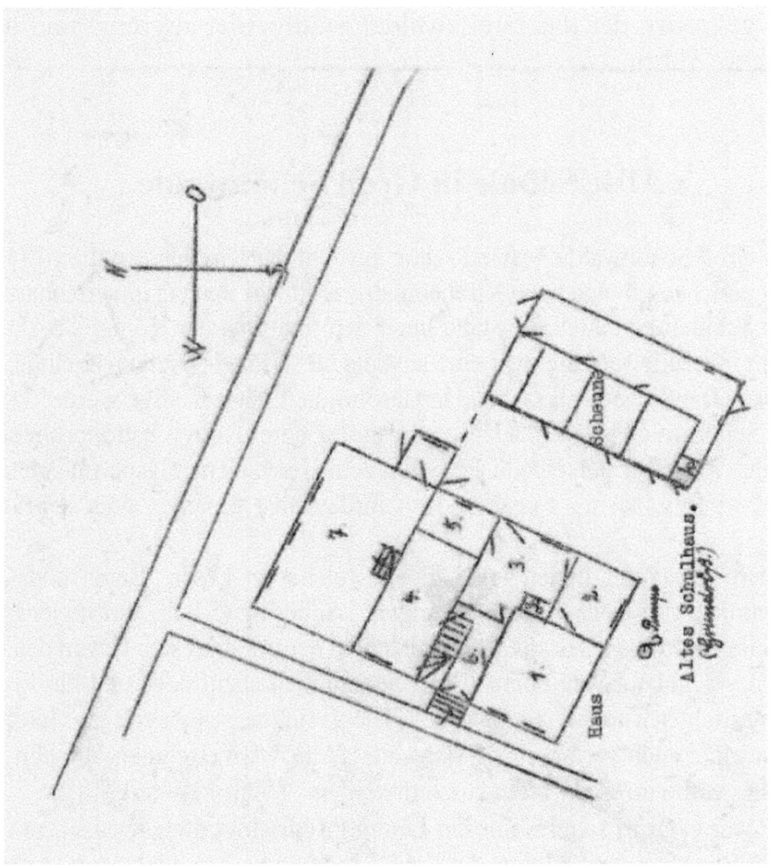

Grundriss der Schule: 1 Stube, 2 Kammer, 3 Küche, 4 Schulstube, 5 Speisekammer,
6 Hausflur, 7 Schulstube unter Pappdach mit Vorbau
(anders, als sonst üblich, ist N hier links im Bild, um besser mit dem Foto vergleichen zu
können)

Der Nachfolger Wenzels in Groß Schönwalde wurde Joachim Friedrich Asmus, ebenfalls ein Schneider. Von ihm erzählte der Eigentümer Christian Beug, der am 23.Dezember 1833 in Groß Schönwalde geboren ist:

„Während des Unterrichts in Raum 1 saß Asmus auf seinem Schneidertisch vor der Klasse und arbeitete fleißig mit Nadel und Schere, um seine vielköpfige Familie ernähren zu können. Neben ihm auf dem Tisch lag immer ein Tauende, dass er nach Bedarf mit großer Treffsicherheit diesem oder jenem Schüler zuwarf, der durch Unaufmerksamkeit beim Lesen, Schwatzhaftigkeit beim Schreiben u. a. seinen Unwillen erregt hatte. Der Betreffende musste ihm dann das Tauende wieder hinbringen und gleichzeitig den ihm gebührenden Lohn in Empfang nehmen."

Schulgebäude in Groß Schönwalde (bis 1917)

Ging dann die Uhr zum Schulschluss auf 12, wartete Frau Asmus mit ihren Kindern schon ungeduldig an der Tür, die aus der Kammer 2 in die Stube 1 führte, um dort, sobald die Schulstube von den Kindern verlassen war, das Mittagessen für die Familie aufzutragen. In

17

diesem Zimmer hielt sich dann auch die Familie in der schulfreien Zeit auf.

Die Räume 4 und 5 waren Vieh- u.a. Ställe, die später zu einer Schulstube (4) und einer Speisekammer (5), über dem Keller umgebaut wurden. Als Wohnraum hatte der Lehrer jetzt die Stube 1, Kammer 2, Küche 3, Kammer 5. Raum 6 war der Hausflur mit einer Treppe zum freien nicht ausgebauten Bodenraum. Gleichzeitig wurde die Scheune mit Abort, Schweinestall, Kuhstall, Hühnerstall und Scheunentenne gebaut.

Am 3. April 1832 verfügte die Königliche Regierung in Stralsund auf Grund des Allerhöchsten Regulativs vom 29. 8. 1831 die Fixierung des Schulgeldes, d.h. das wöchentliche Schulgeld sollte abgeschafft und dem Lehrer ein festes Gehalt gezahlt werden. Dazu hatten die Familienvorstände des Schulbezirks mit Einschluss der Witwen, die eine selbständige Wirtschaft führten, ohne Unterschied, ob sie Kinder haben oder nicht, nach dem Klassensteuer - Fuß, Beiträge zu entrichten. „Die Besoldung ist vierteljährlich von den Beitragspflichtigen durch den Schulvorstand zu erheben (Schulkasse) und dem Schullehrer auszuhändigen.“

Auf einer Verhandlung am 28. Juni 1832 in Weitenhagen für sämtliche Schulen des Kirchspiels unter Leitung des Professors Dr. Kosegarten aus Greifswald und in Gegenwart des Amtshauptmanns Holm bestimmte Asmus sein Fixum nach der gegenwärtigen Schülereinnahme auf 36 Taler jährlich. Wegen des Widerstandes des größten Teils der Eigentümer, die fürchteten, dann für ihr ganzes Leben mit Schulsteuer belastet zu werden, auch wenn sie keine Kinder mehr zur Schule schickten, kam die Fixierung aber erst 1835 zustande.

Nach Asmus wirkte fast 50 Jahre lang Emanuel Mehl 1833 bis 1882 als Lehrer an der Groß Schönwalder Schule. Vorher war er Lehrer in Gladrow gewesen. Mit seinem Amtsantritt in Groß Schönwalde wurde die Schule als öffentliche Volksschule landesobrigkeitlich bestätigt.

Auf einer Versammlung am 17. Juni 1835 in Weitenhagen, ebenfalls unter Leitung des Professors Dr. Kosegarten als Deputiertem des Patronats der Schule und in Anwesenheit des Amtshauptmanns Holm (Greifswald) wurde die Fixierung des wöchentlichen Schulgeldes beschlossen und dieser Beschluss von der Kgl. Regierung in Stralsund unterm 11. Juli 1835 mit Wirkung vom 1. Oktober 1835 bestätigt. Gegenüber 1832 war insofern eine Änderung eingetreten, als gemäß der Schülerzahl das Fixum auf jährlich 30 Taler festgesetzt wurde, einschließlich 6 Taler Freischulgeld, die die Universität bisher jährlich schon gezahlt hatte. An Beiträgen hatten jährlich zu zahlen: ein Katenmann 15 Silbergroschen, ein Hauseigentümer 25 Groschen, ein Pächter 1 Taler und 25 Silbergroschen.

Am 2. Juni 1839 fand eine Kirchen- und Schulvisitation durch den Superintendenten Dr. Ziemssen (Hanshagen) statt. Dabei wurden die Kinder durch ihre Lehrer geprüft. Als bei dieser Gelegenheit in Wieck ein Gemeindemitglied den Küster verklagen wollte, dass er bei Taufen oft den Schulunterricht aussetze „wurde der Kläger ab- und zur Ruhe verwiesen.“ Wieck und Eldena gehörten damals zum Kirchspiel Weitenhagen.

Mit der Zeit erwies sich eine Erhöhung des Schulgeldfixum als notwendig. Die am 4. Juni 1841 im Pfarrhause in Weitenhagen unter Anwesenheit von Professor und Ritter Dr. Kosegarten als Deputiertem des Patronats und des Akademischen Amtshauptmanns Ritter P. Holm namens der Kgl. Akademischen Administration abgehaltene Versammlung beschloss eine Heraufsetzung des Schulgeldfixums in der Weise, dass ein Katemann, bisher 15 Silbergroschen, jetzt 25 Sgr (Silbergroschen), ein Hauseigentümer, bisher 25 Sgr, jetzt 1 Taler und 5 Sgr, ein Pächter, sonst 1 Taler 25 Sgr, jetzt 3 Taler jährlich zahlte. Ob mit dieser Schulgelderhöhung eine Aufbesserung des Lehrergehaltes verbunden war, oder ob der Mehrbetrag für den äußeren Schulbetrieb nötig war, ist nicht ersichtlich.

1854 wurde dem Lehrer Mehl seitens der Universität eine jährliche Gehaltszulage von 30 Talern bewilligt.

Am 13. und 14. November 1859 hielt der Superintendent Dr. Pelt (Kemnitz) eine Schulvisitation im Kirchenspiel Weitenhagen ab und revidierte auch die Schule in Groß Schönwalde.

„Der Unterricht wird den Forderungen des Regulativs vom 3. Oktober 1854 entsprechend erteilt". An dessen Stelle traten später die „Allgemeinen Bestimmungen" vom 15. Oktober 1872. Schulprüfungen wurden vor Ostern in Gegenwart des Schulvorstandes und einiger Eltern abgehalten. Hauptschulfach war der Religionsunterricht.

Da 1865 nur ein Schulvorsteher bestellt war, forderte die Kgl. Regierung mindestens noch einen zweiten in Vorschlag zu bringen. Am 26. Januar 1866 bestätigte sie als Schulvorsteher den vorgeschlagenen Pächter Hagemann in Groß Schönwalde.

Gemäß dem Aufsichtsgesetz vom 11. März 1872 wurden von da an die Kreisschulinspektoren (in der Regel die Superintendenten) und die Ortsschulinspektoren (in der Regel die Pastoren) vom Staate ernannt und übten ihr Amt im Auftrage desselben (bisher der Kirche) aus. Der Ortsschulinspektor wurde der nächste Dienstvorgesetzte des Lehrers und war befugt, dem Lehrer Verwarnungen und Verweise zu erteilen (bis zum 1. 10. 1919).

Durch Verfügung der Kgl. Regierung in Stralsund vom 28. September 1864 wurde das Abhalten von Kirchspiels - Konferenzen angeordnet. Die Konferenzen wurden hier abwechselnd in den Schulen des Kirchspiels abgehalten, die letzte am 3. Mai 1906. (Seit 1852 ist Wieck ein selbständiges Kirchspiel, also nicht mehr eine Filiale von Weitenhagen.) In der Regel wurde an der betreffenden Schule eine Unterrichtslektion gehalten. Oft folgte dann noch ein Vortrag durch einen Lehrer und Bekanntgabe neuer Verordnungen durch den Vorsitzenden, den Ortsschulinspektor. Die anschließenden Besprechungen waren häufig recht rege. Dazu fanden später jährlich eine Kreislehrerkonferenz in Greifswald für die Ortsschulinspektoren und Lehrer des Kirchenkreises (Synode) und drei Bezirkslehrerkonferenzen abwechselnd in Hanshagen, Eldena und Weitenhagen für die

Pastoren und Lehrer der Kirchspiele Hanshagen, Groß Kiesow, Behrenhoff, Weitenhagen, Wieck und Kemnitz unter Vorsitz des Kreisschulinspektors statt. (siehe Dienstanweisung für die Ortsschulinspektoren vom 22. Oktober 1890 und für die Kreisschulinspektoren vom 20. November 1888.)

1874 wurde am Nordwestgiebel des Schulhauses eine geräumige Schulstube unter Pappdach und ein Vorbau an der Hofseite als Schülereingang angebaut (s. S. 16, Raum 7). Dadurch wurde die Lehrerwohnung um die bisherige Schulstube (4) vergrößert, aus der eine Tür direkt in den Schulraum führte.

Nach einer Verfügung vom 1. August 1881 über die Einrichtung und Wirksamkeit der Schulvorstände auf dem Lande bestand von dieser Zeit an der Schulvostand aus:

1. dem Patron der betreffenden Schule oder dessen Vertreter und
2. dem lokalen Schulinspektor.

Dazu werden 2 bis 6 Mitglieder von den Familienvorständen aus ihrer Mitte auf 2 bis 6 Jahre gewählt. Dadurch wird die „Instruktion für die Schulvorstände in Neuvorpommern" vom 7. September 1827 aufgehoben.

1872 schaltet sich der Staat in die Lehrerbesoldung ein. Er zahlt jedem Lehrer nach 12 Dienstjahren eine Alterszulage von jährlich 90 Mark und nach 22 Jahren eine weitere von jährlich 90 Mark, also im Ganzen 180 Mark.

Des Zusammenhanges wegen sei nachstehend die weitere Entwicklung der jährlichen Lehrergehaltssätze dargelegt:

Nach dem Gesetz vom 14. Juni 1888 bzw. 31. März 1889 fällt die Schulgeldzahlung durch die Hausväter an die örtliche Schulkasse fort. Der Staat zahlt für die Stelle eines ersten Lehrers jährlich 500 Mark, für den eines zweiten Lehrers 300 Mark. Die Beiträge der Universität bleiben bestehen.

Ab dem 1. April 1890 kommt zum Grundgehalt eine Dienstalterszulage, von 5 zu 5 Jahren 5 mal 100 Mark, im Ganzen also 500 Mark.

3. März 1897: 900 Mark Grundgehalt, dazu nach 7 Dienstjahren von 3 zu 3 Jahren 9 mal 100 Mark Alterszulage, also nach 31 Dienstjahren im Ganzen 1800 Mark. Die ersten 4 Dienstjahre werden 80% des Grundgehaltes gezahlt.

1906: Grundgehalt 1100 Mark, Alterszulage 9 mal 120 Mark, so dass das Endgehalt nach 31 Dienstjahren 2180 Mark im Jahr beträgt.

26. Mai 1909: Grundgehalt 1400 Mark, Alterszulagen 200, 200, 250, 250, 5 mal 200 Mark, also nach 31 Dienstjahren 3300 Mark.

7. Mai 1920 (nach dem 1.Weltkrieg): 1590 bis 2130 Mark, dazu Ortszuschlag, Kinderbeihilfe, Frauenbeihilfe, Ausgleichszuzahlung (Inflation).

1. Dezember 1924: Grundgehalt 2310 bis 3432 Mark, dazu

Ortszuschlag (Ortskasse D) 246 bis 336 Mark,

Kinderbeihilfe (Ortsklasse D) 240 bis 264 Mark,

Frauenbeihilfe (Ortskasse D) 144 Mark jährlich.

Volksschullehrer - Besoldungsgesetz vom 1. Mai 1928: Grundgehalt: 2800 Mark, steigend bis 5000 Mark, und Zulagen wie oben.

1. Juni 1946 (nach dem 2. Weltkrieg): 4100 bis 7100 Mark, dazu Wohnungsgeld unter Berücksichtigung der Kinderzahl 348 bis 864 Mark.

Der Nachfolger von Emanuel Mehl wurde am 10. Oktober 1882 Wilhelm Schult (bis zum 31. Oktober 1900). Im inneren und äußeren Schulbetrieb änderte sich während seiner Amtszeit wenig. In demselben Jahr, am 1. Januar 1882, trat der Pastor Lic. Vogt das Pfarramt in Weitenhagen - auch als Ortsschulinspektor - an. (Lic. = Lizentiat: Bakkalaureus - Inhaber mit einer akademischen Lehrerlaubnis als Vorbedingung zum Lehren an einer evangelischen Fakultät; akademischer Grad, bis 1944/45 gebräuchlich.)

Im Herbst 1898 wurde in der „Quelle" in Koitenhagen der Lehrerverein Hanshagen - Weitenhagen unter dem Vorsitz des Kollegen Dwars aus Weitenhagen gegründet. Am 12. Juli 1899 fand in Weitenhagen eine Bezirkslehrerkonferenz statt, auf der W. Schult eine Lektion hielt über die biblische Geschichte: „Joseph wird nach Ägypten verkauft". Im Anschluss daran hielt Kollege Dwars einen Vortrag über das Thema: „Die pädagogische Bedeutung Dörpfelds". Die Konferenz wurde durch den Gesang einer Kirchenliedstrophe und mit Gebet eröffnet und ebenso geschlossen.

Am 2. August 1899 fand im Konzerthaus Greifswald, Kuhstrasse, die diesjährige Kreislehrerkonferenz unter dem Vorsitz des Kgl. Kreisschulinspektors Superintendenten Hoppe (Hanshagen) statt. Kollege Halter (Hanshagen) hielt ein Referat über das „Züchtigungsrecht des Lehrers in der Volksschule". (Ministerial - Erlass vom 1. 5. 1899). Kollege Last (Neuendorf bei Gützkow) sprach über „Bangs Reform des Religionsunterrichts". K. Schultz (Gladrow) führte das Protokoll.

Um 1895 herum verschwand der Pächter Matthäi (Schönwalde) spurlos unter Hinterlassung einer bedeutenden Schuldenlast. Weitere Pächter waren Basüner (Hof I und II bis etwa 1916), nach ihm der letzte Pächter von Hof I und II Franz Nehls (bis 1945). Hof III wurde von dem Pächter Amtsrat Burmeister (Diedrichshagen) von Diedrichshagen aus bewirtschaftet.

Auf die um 1900 freiwerdende Lehrerstelle in Groß Schönwalde bewarb sich der Lehrer Karl Schultz in Gladrow, dem daraufhin folgender Bescheid des Königlichen Kurators der Universität Greifswald - I.1528 - vom 8. Oktober 1900 zuging:

„Ich habe Sie als Lehrer für die Schule in Groß Schönwalde in Aussicht genommen und der Königlichen Regierung in Stralsund heute die ausgefertigte Berufungs - Urkunde zur Bestätigung übersandt. gez. v. Hausen".

Am 13. November 1900 zog der neue Lehrer in das Schulhaus ein, da es nicht eher geräumt war. Wilhelm Schult hatte im Laufe des Sommers einen Nervenzusammenbruch erlitten und ist später in der Heilanstalt Ueckermünde gestorben. Dem Schulvorstande gehörten an: Pastor lic. Vogt als Ortsschulinspektor und Vorsitzender, Pächter Basüner als Patronatsvertreter, Eigentümer Carl Bucker als Schulkassenrendant und der Förster Hegemeister Meyer. Dem Lehrer wurde folgende Einkommensnachweisung ausgehändigt:

Nachweisung

über das Einkommen der Lehrerstelle in Groß Schönwalde, Kreis Greifswald.

Stelleninhaber: Lehrer Karl Schultz

Das Grundgehalt der Stelle ist festgesetzt auf 912 Mark.

Dasselbe setzt sich wie folgt zusammen:

1. Bares Gehalt: 432 Mark

2. Landnutzung:

a) Wurte hinter dem Hause einschließlich des neuen Gartens und eines Wiesenstückes:
   0,3617 ha

b) Acker vor dem Hause
   0,639 ha

Wert beider zusammen: 65 Mark

3. Naturalien von akademischen Gütern:

a) von Koitenhagen

   1,9 Neuscheffel 45 Liter Roggen

   2,1 Neuscheffel 5 Liter Weizen

   3,3 Neuscheffel 15 Liter Gerste

   4,3 Neuscheffel 15 Liter Hafer

   5,3 Pfund Flachs

   3 Zentner halb Winter- halb Sommerstroh

   den 3. Teil sämtlicher Brennmaterial-, Heu- und Strohfuhren, deren der Lehrer bedarf.
   Ebenso hat der Pächter den dritten Teil der Dienstländereien zu bestellen, wenn der Lehrer
   den Acker selbst in Bewirtschaftung nimmt, bzw. den ganzen Dienstacker mit den beiden
   Schönwalder Pächtern abwechselnd jedes 3. Jahr, nebst Leistung der erforderlichen Fuhren.

b) Groß Schönwalde Hof I und II (Hr. Basüner 2 Drittel), Hof III (Hr. Oberamtmann
   Burmeister 1 Drittel) von

24 Neuscheffel 37 Liter Roggen

8 Neuscheffel 12 Liter Gerste

8 Neuscheffel 12 Liter Hafer

2 Neuscheffel 37,5 Liter Weizen

5 Liespfund Flachs

7,5 Zentner halb Winter-, halb Sommerstroh

4. Die Pächter der 3 Höfe zusammen

liefern 2 Drittel der sämtlichen Brennmaterial-, Heu- und Strohfuhren, die der Lehrer bedarf, evtl. unter Fortfall der Strohlieferung haben sie 2 Drittel der der Schule beigelegten Ländereien, oder 2 Jahre lang die ganzen Ländereien zu bestellen und die dazu erforderlichen Fuhren zu leisten, während für das letzte Drittel bzw. für jedes 3. Jahr lt. a) Koitenhagen Bestellung und Fuhren leistet. Die Getreidelieferungen sind bisher jährlich im September postnumerando geleistet; es soll jedoch ins Werk gesetzt werden, dass sie fortab in Vierteljahresraten entrichtet werden.

Der Gesamtwert der aufgeführten Naturallieferungen ist - für das Getreide nach dem sechsjährigen Durchschnitt des Martinimarktpreises von Greifswald im Jahre 1897 berechnet auf: 343 Mark.

5. Feuerung für den eigenen Bedarf des Stelleninhabers (in Halbjahresraten am 2. Januar und 1. Juli fällig): 60 Mark.

Gesamtbetrag des Grundgehaltes wie oben: 900,00 Mark

Für die Feuerung werden 60 Mark in bar gegeben.

Für die Beheizung des Schulzimmers zahlt die akademische Forstkasse 40 Mark. Für beide kommt freie Anfuhr seitens der akademischen Pächter, wie oben bemerkt, hinzu. Die sämtlichen Fuhren werden zu den Zeitpunkten des Bedarfs geleistet. Durch Hinzutreten der freien Anfuhr des Brennmaterials im Werte von 12 Mark erhöht sich das Grundgehalt auf 912 Mark (Neunhundertzwölf Mark).

Solange sich der Lehrer noch nicht 4 Jahre im Volksschulamte befindet, ermäßigt sich das Grundgehalt auf 4 Fünftel der angegebenen Summe, beträgt also nur 720 Mark und wird in monatlichen Raten im Voraus, nach endgültiger Anstellung und länger als 4- jähriger Dienstzeit des Stelleninhabers, aber in dem vollen oben angegebenen Betrage in vierteljährlichen Raten im Voraus - soweit nicht in Bezug auf die Naturalien pp ein anderes angegeben ist, entrichtet. Die Dienstzeit des Lehrers wird gerechnet vom 1. Mai 1898. Nach Vollendung einer siebenjährigen Dienstzeit empfängt er die erste Alterszulage von jährlich 100 (hundert Mark) und ferner von 3 zu 3 Jahren 100 Mark mehr, bis er endlich nach Vollendung einer 31- jährigen Dienstzeit den Höchstbetrag der Alterszulagen mit jährlich 900 Mark erreicht. Die Zahlung der Alterszulagen erfolgt aus der Königlichen Regierungshauptkasse zu Stralsund gegen Quittung des Lehrers (Zahlstelle Greifswald).

Außer den obigen Bezügen hat der Lehrer die Nutzung freier Dienstwohnung im Schulhause und die Nutzung eines bei letzterer gelegenen Stückes Garten in Größe von 40 Quadratmetern.

Der Wert dieser Nutzungen ist auf 120 Mark festgesetzt, welcher Betrag dem oben angegebenen Stelleneinkommen zuzurechnen ist, so dass das gesamte pensionsfähige Diensteinkommen sich auf jährlich 1032 Mark beläuft.
Groß Schönwalde, den 3. Dezember 1900
Der Schulvostand
gez. Lic. Vogt. gez. A. Basüner   gez. Meyer. gez. Bucker
Stralsund, den 11. Dezember 1900.
Vorstehende Einkommensnachweisung wird hierdurch von Schulaufsichtswegen genehmigt.
Königliche Regierung
gez. du Vinage
Nachträglich wird bemerkt, dass die Getreidelieferungen, wie oben in Aussicht gestellt, dem Lehrer Schultz vierteljährlich entrichtet wurden und weiter entrichtet werden. Bezüglich der Ackererträge ist aber zu bemerken, dass, wie aus dem Schreiben des Königlichen Landrates an die Frau Schult vom 7. Februar 1901 hervorgeht, der Lehrer Schult bei seinem Abgange am 1. 11. 1900 statt eines Drittels der Ernteerträge entgegen dem Regulativ vom 12. März 1856 den ganzen Ernteertrag des Jahres 1. Oktober 1899 bis 1. 10. 1900, dazu auch den Dung veräußert hat. Der gegenwärtige Lehrer Herr Schultz soll in der Weise entschädigt werden, dass bei seinem Abgang in gleicher Weise verfahren wird und statt des 1. Juli der 1. November als Scheidepunkt berechnet wird, da eine Wiedereintreibung des zu viel Empfangenen von dem abgegangenen Lehrer nicht tunlich gewesen. (Die Ernte 1900 muss bis 1. 7. 1901 reichen!)
Groß Schönwalde, den 28. Januar 1902
gez. Der Schulvostand
gez. Lic. Vogt gez. A. Basüner gez. Mayer gez. Bucker
Verfügung der Königlichen Regierung vom 11. Februar 1902 II. 653
Der Beschluss vom 28. des vorigen Monats, betreffend die anderweitige Regelung der Amtsbezüge des dortigen Lehrers Schultz wird hierdurch schulaufsichtlich genehmigt.
gez. Mejer
Die Abschrift beglaubigt
Lic. Vogt, Ortsschulinspektor
eigene Anmerkung:
Der „neue Garten" unter Punkt 2a der obigen Nachweisung ist der jetzige (1951), der von Wilhelm Schult angelegt wurde, aus dem er aber beim Wegzuge fast alle Bäume (bis auf ca. 8) und die Sträucher bis auf einen Stachelbeerstrauch verkauft hatte. Letzteren kaufte ich von dem Briefträger Wiedemann aus Greifswald, der gerade beim Ausgraben war, zurück (für 3 Mark). Im Laufe der nachfolgenden Jahre nahm ich die unbrauchbaren Bäume auch noch heraus und

legte den Garten neu an. Das zum Schluss erwähnte Stück Garten in Größe von 40 Quadratmetern zwischen der Schule und dem Nachbargehöft, auf dem nur ein Baum stand, diente fortan als Hofraum. (Schultz)

Am 29. November 1900 fand von 3 bis halb 5 Uhr eine Revision der Schule durch den Kgl. Kreisschulinspektor Superintendent Hoppe (Hanshagen) statt.

Nach Paragraph 53 der Landgemeindeordnung vom 3. Juli 1891 sind als Gemeindeverordnete nicht wählbar… 5. Geistliche, Kirchenvertreter und Volksschullehrer.

In einem Erlass vom 14. Februar 1895 legt der Herr Minister Wert darauf, dass die Kgl. Regierung ihren Einfluss dahin geltend macht, dass die Lehrer möglichst allgemein Sitz und Stimme im Schulvostand erhalten.

Am 26. Juni 1902 fand, wie jedes Jahr, eine Baurevision durch den Universitätskurator Geheimrat v. Hausen statt in Gegenwart des Kuratorialsekretärs Brüsch, Baurat Lucht und Gutspächter Basüner. Es wurde angeordnet:

1.   Instandsetzung der Öfen,
2.   Bretterbelag des Hausbodens,
3.   Dichter Hofzaun nach der Chaussee zu zwischen Haus und Scheune,
4.   Instandsetzung des Fensterbogens im Schülervorbau, der einzufallen droht.

Die Pächter der Universitätsgüter sind pachtkontraktmässig zur baulichen Instandsetzung der zu der Pachtung gehörenden Gebäude und auch der Schulen verpflichtet, während die Kosten für Neubauten die Universität selbst trägt.

Schülerfoto in Groß Schönwalde mit dem Lehrer Karl Schultz links im Bild
(das Datum des Fotos ist nicht bekannt)

Stundenplan der Schule Groß Schönwalde für das Winterhalbjahr 1900/1901

Uhrzeit	Montag	Dienstag	Mittwoch	Donnerstag	Freitag	Sonnabend
8 - 9	O:Bibl. M:Ge- U:schichte	O:Kate- M:chis- U:mus	O:Bibel- M:lesen U:Schreib. u. Lesen	O:Bibl. M:Ge- U:schichte	O:Kate- M chis- U:mus	O:Perikope M:u.Kir- chenlied U:Schreib. u.Lesen
9 -10	O:Rech M: - U:nen	O:Sprach- M:stück U:Schreib. u.Lesen	O:Rech M: - U:nen	O:Rech M: - U:nen	O:Sprach- M:stück U:Schreib. u.Lesen	O:Rech M: - U:nen
10 - 11	O: Le- M: sen	O: K Turnen M: Hand- arbeit	O: Geo- M: graphie	O: Zeichn. M: Schrei- ben	O:K Turnen M:Hand- arbeit	O:Geo- M:graphie
1 - 2	O:Schrei- M: ben U:Schreib. u.Lesen	O:Auf- M:satz U:Schreib. u.Lesen		O:Ge- M:schicht. U:Schreib. u.Lesen	O:Gram- M:matik u.Ortho U:Schreib. u.Lesen	
2 - 3	O:Sin- M:gen U:Schreib. Lesen Singen	O:Natur- M:kunde		O:Sin- M:gen U:Schreib. Lesen Singen	O:Le- M:sen U:Schreib. Lesen	

von 11 - 1 Uhr ist Mittagspause

Perikope (entspr. Capitula): Abschnitt aus der Bibel, der für die Lesung im Gottesdienst bestimmt ist.

K Knaben

M Mädchen

Das sind:

Fach	Oberstufe	Mittelstufe	Unterstufe
Religion	6	6	4
Deutsch	6	7	10
Rechnen	4	4	4
Raumlehre	1	-	-

	O	M	U
Geschichte	2	2	-
Geographie	2	2	-
Naturkunde	2	2	-
Singen	2	2	2
Schreiben	1	2	-
Zeichnen	2	1	-
Turnen (nur Knaben)	2	2	-
Handarbeit (nur Mädchen)	2	2	
zusammen	30	30	20

Das heißt: die Oberstufe (O) und die Mittelstufe (M) sind 30 Stunden und die Unterstufe (U) 20 Stunden pro Woche in der Schule. Jede Stunde wird für die einzelnen Abteilungen aufgeteilt für direkten Unterricht durch den Lehrer, für Übung durch einen Helfer oder für stille Beschäftigung.

In der einklassigen Schule umfasst die Unterstufe das 1. und 2., (3.), die Mittelstufe das (3.), 4. und 5. und die Oberstufe das 6. bis 8. Schuljahr.

Bis zum Jahre 1903 wurde vom 1. Mai jedes Jahres an bis zu den Herbstferien die Sommerschule eingerichtet. Die Ober- und Mittelstufe erhielten wöchentlich 20 Stunden (von 6.30 Uhr bis gegen 10 Uhr), die Unterstufe 12 Stunden (täglich von 10 bis 12 Uhr), da die Kinder wegen des umfangreichen Zuckerrübenanbaues auf beiden Gütern den ganzen Sommer auf dem Felde - auch in der Ernte - arbeiten mussten. Im Juni erhielten die Kinder zum Abziehen der Zuckerrüben Rübenferien. Es verdienten kleinere Kinder täglich etwa 50 Pfg, größere 80 Pfg, auswertige, die täglich von den Dörfern der Umgebung (bis nach Hanshagen) mit einem Erntewagen abgeholt und wieder zurückbefördert wurden, bis zu 1,20 M, je nach der Anzahl der Reihen, die sie im ganzen Verband schaffen konnten. Da die Kgl. Regierung die Aufhebung der Sommerschuleinrichtung wünschte, die Beteiligten sie aber für notwendig hielten, erklärten diese sich schließlich damit einverstanden, dass die Sommerschule erst am 1. Juni jeden Jahres beginne. Einem dementsprechenden Antrage stimmte die Kgl. Regierung durch Verfügung vom 18. Juni 1904 zu.

Am 4. August 1902 fand eine Revision der Schule durch den Kgl. Kreisschulinspektor Superintendent Hoppe (Hanshagen) statt. Anwesend waren der Ortsschulinspektor Pastor lic. Vogt, der Schulkassenrendant Eigentümer Bucker und der Förster Hegemeister Meyer.

Gelegentlich einer Kirchenspielskonferenz in Weitenhagen am 15. September 1902 teilte der Oberschulinspektor mit, dass infolge Verfügung der Kgl. Regierung ein Lehrer an jeder Schule von jetzt an Mitglied des Schulvorstandes sei.

Am 8. Februar 1903 starb der Schulkassenrendant Carl Bucker, 48 Jahre alt. Am 16. März 1903 fand die Wahl seines Nachfolgers statt. Dazu waren im Schulhause Groß Schönwalde erschienen: der Amtsvorsteher Gutspächter Drewitz (Helmshagen), Gutspächter Basüner, Hegemeister Meyer, die Eigentümer Hagemann, Sass, Beuge und Lehrer Schultz. Gewählt wurde der Eigentümer Hermann Hagemann sen., der an der Chaussee am Sanzer Wege wohnt.

Für die Schüler wurde am 1. März 1903 eine Schulsparkasse eingerichtet und vom Lehrer verwaltet. Die gesparten Beträge wurden bei der Ländlichen Spar- und Darlehenskasse Weitenhagen verzinslich angelegt und auf Anfordern bei der Schulentlassung mit Zinsen zurückgezahlt. Viele Kinder sparten so viel, dass sie für das Geld ihre Einsegnungsausstattung kaufen oder doch ihren Eltern durch einen erheblichen Zuschuss den Einkauf derselben wesentlich erleichtern konnten.

Am 29. Juni 1903 fand eine Baubesichtigung durch den Universitätskurator v. Hausen statt. Unter anderem wurden 200 Weißbuchen - Pflanzen zur Anlage einer Buchenhecke aus der Forst bewilligt und die Abstellung baulicher Schäden an den Schulgebäuden angeordnet.

Am 22. Juli 1903 unternahm die Schule einen Ausflug per Kleinbahn nach Lubmin. Am 1. Juli 1904 revidierte Regierungs- und Schulrat Banse (Stralsund) die Schule. Vom 4. Bis 7. Oktober 1904 nahm der Lehrer an einem viertägigen Einführungskursus in den neuen Lehrplan für den Zeichenunterricht in Greifswald teil.

In der Zeit vom 19. Dezember 1904 bis 11. März 1905 war der Lehrer wegen Krankheit beurlaubt. Die Vertretung übernahmen die Kollegen Dwars und Krull in Weitenhagen in wöchentlich 4 mal 2 Stunden gegen eine Entschädigung von insgesamt je 30 Mark aus der Schulkasse.

Die Anzahl der Schüler war zu dieser Zeit:

	Oberstufe	Mittelstufe	Unterstufe	zusammen	
Knaben	1	6	14	21	
Mädchen	9	7	6	22	
zusammen	10	13	20	43	Kinder

Am 30. April und 1. Mai 1906 wurde durch die akademische Neuverwaltung das Schulgrundstück mit sämtlichen Gebäuden und Räumen vermessen und beschrieben und ein Lageplan aufgestellt.

Am 28. Mai 1906 fand eine Baurevision durch den akademischen Regierungsbaumeister Lucht und den Kuratorialsekretär Brüsch statt.

Am 26. Juli unternahm die Schule einen Ausflug nach Eldena und Strohkamp.

Infolge landrätlicher Verfügung beschloss die zum 14. September 1906 einberufene Hausväterversammlung die Erhöhung des Lehrergehaltes auf 1100 Mark und der Alterszulagen auf 120 Mark (Min. - Erlass vom 4. Mai 1906). Anwesend waren Lic. Vogt, Förster Friedrichs (Koitenhagen), Herrmann Hagemann, Lehrer Schultz. Da zum 14. September nur die Koitenhagener, nicht aber die Groß Schönwalder Hausväter durch den betreffenden Gutsvorstand eingeladen worden waren, fand am 17. September eine zweite Hausväterversammlung statt, zu der außer den vorgenannten noch der Gutspächter Basüner und der Eigentümer Beuge erschienen waren. Der Beschluss vom 14. 9. wurde bestätigt. Bis dahin hatte das Grundgehalt 900 Mark, die Alterszulage 9 mal 100 Mark betragen.

Am 16. Mai 1907 besichtigte der Seminardirektor Radeke (Franzburg) von 7 bis halb 11 Uhr die Schule.

Am 15. April 1908 wurde der Fußboden der Schulstube zum ersten Mal mit staubbindendem Öl getränkt. Laut Erlass des Herrn Ministers vom 9. Juli 1907 soll die Schulstube fortan täglich - nicht nur zweimal wöchentlich - ausgefegt und wöchentlich zweimal feucht aufgewischt werden. Bisher hatte der Lehrer für das Reinigen der Schulstube eine Entschädigung von jährlich 20 Mark erhalten. Infolge der nun erhöhten Anforderungen bewilligte der Schulvorstand eine Vergütung von 50 Mark jährlich. Der Fußboden des Schulzimmers soll mit Stauböl oder Firnis getränkt werden. Die jährlich vorzunehmende gründliche Reinigung des Schulzimmers und die Entleerung der Schüleraborte lässt der Schulvorstand auf Kosten der Schulkasse durch eine andere Person ausführen.

Am 5. Mai 1908 starb der Kgl. Kreisschulinspektor Superintendent Hoppe (Hanshagen), nachdem er am 14. Januar 1908 das letzte Mal unsere Schule revidiert hatte. Fast 25 Jahre - seit August 1883 - hatte er dieses Amt ausgeübt und in reichem Masse sich die Liebe und Verehrung der Lehrer seines Aufsichtskreises erworben. Er war selbst der Sohn eines Lehrers. Sein Nachfolger wurde Superintendent Probst Hoppe in Gützkow, der dort am 10. Dezember 1908 unter Teilnahme der Geistlichen und Lehrer der Synode in sein Amt eigeführt wurde.

Am 15. Februar 1903 hatte die Schule 20 Mark von der Kgl. Regierung als Grundstock für die Einrichtung einer Schülerbibliothek erhalten.

Am 30. November 1906 zählte die Schule 52 Schüler, darunter 49 mit deutscher und 3 mit polnischer Muttersprache

Am 12. Februar 1908 fand im Pfarrhaus in Weitenhagen eine Schulvorstandssitzung statt zur Bildung eines neuen Schulvorstandes und zur Festsetzung der Schulbeiträge nach dem Volksschulunterhaltungsgesetz vom 28. Juli 1906, das seit dem 1. April 1908 in Kraft trat. Es wurde beschlossen, den Schulvorstand in seiner alten Gestalt bestehen zu lassen, der Herrn Basüner als Vertreter der Universität (Gutsbesitzer), Eigentümer Hermann Hagemann sen. für Groß Schönwalde und Herrn Förster Friedrichs für Koitenhagen benannte. Die Schulbeiträge verteilen sich zur Hälfte nach dem Verhältnis der Kinderzahl, zur anderen Hälfte nach dem Verhältnis des Steuersolls beider Orte folgendermaßen:

	Koitenhagen	Groß Schönwalde
Durchschnittskinderzahl der letzten 3 Jahre	19,5	31,5
	= 39%	= 61%
Steuersoll	1278,10 Mark	842,94 Mark
	= 60 %	= 40 %
Gesamtbeiträge	49,5%	50,5 %

Vom Kgl. Landratsamt in Greifswald ging der Bescheid ein, dass der Gutsvorstand von Groß Schönwalde nicht das Recht habe, auch die Schulvorstandsmitglieder von Koitenhagen zu ernennen, sondern dieses Recht dem Gutsvorstand von Koitenhagen zustehe. Daraufhin ernannte dieser (Administrator Haeuser aus Eldena) anstelle von Förster Friedrichs den Gutspächter von Koitenhagen Rittergutsbesitzer Becker (Eldena) zum Mitglied des Schulvorstandes.

Am 14. April 1908 fand abermals eine Schulvostandssitzung im Pfarrhause in Weitenhagen statt zur Verteilung der Schulbeiträge auf beide Gutsbezirke. Da die Pächter sich weigerten (§32, Abs. II des V.U.G.), die Naturalien auch weiterhin zu liefern, wurden diese vorläufig außer Berechnung gestellt. Bar aufzubringen sind 535,50 Mark, von welcher Summe auf Groß Schönwalde 270,43 Mark, auf Koitenhagen 265,07 Mark entfallen, die in vierteljährlichen Raten von den Gutsbezirkskassen an den Schulkassenrendanten Hagemann abzuführen sind.

Auf eine Anfrage des Vorsitzenden bei der Kgl. Regierung in Stralsund teilte diese am 19. April 1908 mit, dass die bisherigen Leistungen der akademischen Pächter an die Schule fortfallen. Daraufhin wurde auf der Schulvorstandssitzung am 6. Mai 1908 die Naturalienlieferung auf den Schulverband übernommen. Für die Getreidelieferung soll der Lehrer in bar nach dem vorjährigen Martini - Marktpreise entschädigt und ihm der Betrag vierteljährlich im Voraus aus der Schulkasse ausgezahlt werden. Ferner schließt der Schulvorstand mit dem Eigentümer Bucker jun. einen Vertrag ab, nach welchem dieser die Bestellung des Schulackers und sämtliche Fuhren gegen eine Entschädigung von jährlich 85 Mark übernimmt. Dieser Vertrag wird auf einer Sitzung des Schulvorstandes am 26. Juni 1908 von Bucker und sämtlichen Mitgliedern des Schulvorstandes: Lic. Vogt, Basüner, Becker, Hagemann, Schultz unterzeichnet. Die Entschädigung für Heizen und Reinigen der Schulstube wird auf 100 Mark jährlich erhöht.

Die Beiträge zur Schulunterhaltung setzen sich nun folgendermaßen zusammen:

Lt. Etat vom 12. Februar 1908   535,50 Mark
Für Getreidelieferung an den Lehrer   404,21 Mark
Entschädigung für Reinigen und Heizen   50,00 Mark
Für Ackerbestellung   85,00 Mark
                                                        zusammen: 1074,71 Mark
Die von der Kgl. Universität zurückgezogene Feuerentschädigung
                                        für die Schulstube   40,00 Mark
wird ab Ende Februar 1909 von der Universität wieder gezahlt
                                                        zusammen: 1114,71 Mark
Davon für das Rechnungsjahr 1908 aufzubringen
                        Groß Schönwalde   50,5 % = 562,93 Mark
                        Koitenhagen   49,5 % = 551,78% Mark

Am 21. Juli 1908 wurden die Schulräume und das Schulgrundstück durch den Kgl. Kreisarzt Prof. Dr. Bäumer (Greifswald) besichtigt. Am 2. September 1908 ist, wie alljährlich, das Sedan - Kinderfest gefeiert worden. Die Mädchen warfen auf dem Schulplatz mit der Stechtaube, die Knaben schossen mit der Windbüchse nach der Scheibe. Alle erhielten in der Schulstube Kaffee und Kuchen, vergnügten sich mit Wettspielen und Gesang und jedes Kind erhielt ein kleines Geschenk. Am Abend wurden in der Schulstube Lichtbilder vorgeführt.

Schülerfoto mit unbekanntem Datum - im Hintergrund Lehrer Karl Schultz

Am 1. Oktober 1908 trat der Ortsschulinspetor Lic. Vogt in den Ruhestand. Sein Nachfolger Pastor Tiedke wurde am 24. Mai 1909 als Ortsschulinspektor berufen und am 2. Mai 1909 in sein Pfarramt eingeführt. Die Vertretung in der Zwischenzeit war dem Pastor Dr. Bauerfeind (Behrenhoff), auch als Ortsschulinspektor, übertragen worden.

Am 12. März 1909 hatte Groß Schönwalde 150, Koitenhagen 58 Einwohner.

Ende Februar 1909 zahlte die Universität nachträglich noch die vorher zurückgezogenen 40 Mark Feuerungsgeld, so dass die im Etat für 1909 in Ausgabe gestellten 1882,71 Mark Schulunterhaltungskosten sich auf 1842,71 Mark ermäßigten. Diese 1842,71 Mark wurden gedeckt durch:

Staatsbeitrag: 500 Mark

Feuerungsgeld der Universität: 40 Mark

= 540 Mark

Es bleiben also noch aufzubringen: 1302,71 Mark

Diese verteilen sich zur Hälfte nach der Kinderzahl auf

Groß Schönwalde: 31 Kinder = 395,92 Mark

Koitenhagen: 20 Kinder = 255,43 Mark
zur anderen Hälfte nach den Masstabssteuern
Groß Schönwalde: (mit 873,92 Mark) = 247,52 Mark
Koitenhagen: (mit 1438,10 Mark) = 403,84 Mark
Das sind an Schulbeiträgen für Groß Schönwalde: 643,44 Mark (73,63% der Masstabssteuern) und für Koitenhagen: 659,27 Mark (45,84% der Masstabssteuern). Zusammen: 1302,71 Mark.
Nach Abzug des bisher gezahlten Ergänzungszuschusses von 200 Mark betragen die Beiträge für Groß Schönwalde 544,44 Mark und für Koitenhagen 558,27 Mark. Auf Grund dieser „Nachweisung über die Leistungsfähigkeit des Schulverbandes" wurde außer dem gesetzlichen Staatsbeitrag, der vom 1. April 1908 an 700 Mark beträgt, und der vom 1. Mai 1908 an den Lehrer zu zahlenden „Amtszulage" von jährlich 100 Mark, zusammen also 800 Mark, ein widerruflicher Ergänzungszuschuss von jährlich 338 Mark für die Etatsjahre 1908 und 1909 vom Staate gewährt.
Am 4. Juni 1909 fand eine Baurevision durch den Universitäts - Kurator Dr. Irmer statt. Die Scheunengiebel sollten neu aufgezogen, Haus- und Scheunendach ausgebessert und zum Teil neu mit Rohr gedeckt, der Schulvorbau instandgesetzt werden u. a.
Am 9. Juni 1909 starb der Eigentümer Johann Christian Beuge, Sohn des früheren Zimmermanns Carl Beuge, in Groß Schönwalde. Christian Beuge war geboren am 21. Dezember 1833.
Am 1. August 1909 verkaufte die Witwe Beuge ihr Eigentum, 1 ½ Häuser, mit Wirtschaftsgebäuden und sämtlichem lebenden und toten Inventar für 10500 Mark an den Stellmacher Herrmann Lieckfeldt in Hinrichshagen. Das ganze Haus mit Wirtschaftsgebäuden und Acker wurde gerechnet ca. 6000 Mark, das halbe Haus daneben dsgl. 2700 Mark und das Inventar 1800 Mark. Nach Lieckfeldts Tode übernahm seine jüngste Tochter Erna, Frau Hensel (in zweiter Ehe Radloff) die Wirtschaft, nach ihr der älteste Sohn Hensel.
Das Nachbarhaus nach der Schule zu gehörte vor 1900 dem Stellmacher Borgwardt. Frau Borgwardt war eine Schwester von Christian Beuge. Von ihm übernahm es der Stellmacher Johann Ohl, der es an Niemann verkaufte, dem Vater des Gärtners Georg Niemann, der sich gegenüber der Försterei anbaute. Sein Nachfolger war der Eigentümer Krabbe.

Das letzte (halbe) Haus in der Reihe neben Beuge gehörte 1900 dem Händler Johann Schuldt, von dem es sein Schwiegersohn Christian Hagemann und nach ihm dessen Sohn Herrmann Hagemann II übernahm.

Der Nachfolger des Schulkassenrendanten Eigentümer Carl Bucker sen. wurde nach seinem Tode sein Sohn Karl Bucker, der jung starb. Die Wirtschaft ist von dem Eigentümer Hank erworben worden, der sie an seinen Sohn weitergab.

Infolge eines Berichtes des stellvertretenen Ortsschulinspektors Pastor Dr. Bauerfeind (Behrenhoff) an die Kgl. Regierung über den schlechten baulichen Zustand der Schulgebäude revidierte am 29. Juni 1909 der Kreisbaumeister Drosihn (Greifswald) dieselben. Er konnte die im Bericht angegebenen Mängel nur bestätigen und stellte nach Beendigung der Besichtigung fest, er hätte nun ja alles gesehen, leider wenig Gutes.

Auf der Schulvorstandssitzung am 27. September 1909 wurde beschlossen:

1. Zur besseren Erwärmung des Schulzimmers sollen Doppelfenster für dasselbe beschafft werden (geschehen am 6. Dezember 1909 für 79 Mark).
2. Verschiedene bauliche Reparaturen sollen ausgeführt werden.

An Feuerversicherungsbeiträgen zur Gebäudeversicherung für das Jahr 1910 für die Schulgebäude sind 34,20 Mark an die Universitätskasse zu zahlen. In einem Schreiben vom 14. Dezember 1909 teilt der Universitätskurator mit, dass der bisher dem Schulkassenrendanten gezahlte Betrag für die Heizung des Schulzimmers vom 1. April 1910 ab als Beitrag der Universität zu den Kosten der Schulunterhaltung am 1. Oktober jeden Jahres gezahlt wird. Davon entfallen auf den Gutsbezirk Groß Schönwalde 15,94 Mark, auf den Gutsbezirk Koitenhagen 24,06 Mark.

Am 12. Januar 1910 fand im Schulhause eine Schulvorstandssitzung statt, in welcher zunächst der Etat für das Etatsjahr 1910 aufgestellt und in Ausgabe und Einnahme auf 3200 Mark festgesetzt wurde. 50 Mark werden dem Lehrer nach jedesmaliger Rücksprache mit dem Vorsitzenden zur Beschaffung von Lehrmitteln zur Verfügung gestellt.

Lt. Etat beträgt die

Ausgabe:	3200 Mark
Einnahme: Staatsbeitrag	800 Mark
Widerruflicher Ergänzungszuschuss	400 Mark
Ländereien	65 Mark
Beitrag der Universität	40 Mark
	zusammen 1305 Mark
	bleiben 1895 Mark

Von diesen sind 200 Mark widerruflicher Ergänzungszuschuss und 40 Mark Beitrag der Universität nach der Verteilung der Schulunterhaltungskosten in Abzug zu bringen: = 240 Mark

Der Verteilung zugrunde zu legen sind   2135 Mark,
davon zahlt Groß Schönwalde 49,915% = 1065,69 – 215,94 =   849,75 Mark
(Abzug: 200 Mark widerruflicher Erg. - Zuschuss, als dem schwächeren
Teil vorweg, und Anteil an 40 Mark Beitrag der Universität 15,94 Mark)
Koitenhagen 50,085 % =1069,31 Mark – 24,06 Mark =   1045,25Mark
                                        zusammen wie oben: 1895 Mark

Auf die Eingabe des Lehrers betr. Anlage einer Giebelstube wird beschlossen, einen Kostenvoranschlag darüber aufstellen zu lassen. An Utensilien sollen ein Schrank und vorläufig 2 neue Schulbänke für eine alte beschafft werden.

Auf der Schulvorstandssitzung am 6. April 1910 erklärte sich Herr Basüner bereit, die Feuerversicherung des Schulmobilars im Werte von 700 Mark als Nachtrag zu seiner eigenen Versicherung aufnehmen zu lassen. Die Versicherungsbeiträge zahlt die Schulkasse.

Ein Kostenanschlag über die Herstellung der beiden Scheunengiebel, Einrichtung einer Giebelstube, Reparatur des Schülereinganges, Umpflasterung des Kuhstalles und Anlage einer Jaucheabflussrinne stellt sich auf 1612,50 Mark. Das Neudecken einer Seite des Scheunendaches und Ausbessern des Hausdaches kostet ca. 150 Mark. Die Kosten für die Ausbesserung des Pappdaches auf dem Schulanbau und Ersatz der angefaulten Balken desselben (Verfügung der Kgl. Regierung v. Januar 1910) würden sich auf 400 bis 500 Mark belaufen, so dass also eine Summe von 2100 bis 2200 Mark für die notwendigsten Baulichkeiten aufzuwenden wäre.

Der Schulvorstand hält es jedoch nicht mehr für wert, einen solchen Betrag für die Reparatur des Baues zu verwenden und entschließt sich zur Aufführung eines Neubaus. In diesem Sinne will der Vorsitzende der Kgl. Regierung berichten, sowie die Sache dem Universitätskurator vorlegen. Es soll vorgeschlagen werden, die alten Schulgebäude zu verkaufen und den Erlös zu dem Neubau zu Hilfe zu geben. Daraufhin nahm der Universitätskurator am 23. Mai 1910 im Beisein des Landbauinspektors Lucht, des Kuratorialsekretärs Brüsch und des Gutspächters Basüner eine eingehende Revision des Schulgebäudes vor. Der Landbauinspektor wird ein Gutachten über den baulichen Zustand der Gebäude aufstellen und der Kurator wegen einer Abhilfe der Mängel bei dem Kultusminister vorstellig werden. Am 30. Juli 1910, ½ 9 Uhr vormittags, wurden die Gebäude abermals einer eingehenden Besichtigung, auf ihren baulichen Zustand hin, unterzogen.

Erschienen waren je ein Vertreter des Kultus- und Finanzministeriums, der Universitätskurator, je ein Bausachverständiger der Kgl. Regierung und der Universität, Pastor Tiedke, Pächter Basüner und der Lehrer. Landbauinspektor Lucht bezeichnete den baulichen Zustand der Lehrerwohnung als gut, des Schulanbaues als nicht genügend. Der Vertreter des Finanzministeriums erachtete es für ausreichend, wenn die Lehrerwohnung gründlich renoviert, der Anbau neu, vielleicht grösser, aufgeführt und über demselben eine Giebelstube angelegt würde. Eine Beihilfe konnte derselbe jedoch erst für das Jahr 1912 in Aussicht stellen.
Auf einer Sitzung des Lehrervereins Hanshagen - Weitenhagen am 13. April 1909 in Dersekow wurde beschlossen, bei dem Pommerschen und dem Preußischen Lehrerverein zu beantragen, auf den baldigen Erlass eines ländlichen Kinderschutzgesetzes hinzuwirken.
Am 30. Oktober 1909 hielt der „Schönwalder Lehrerverein für Naturkunde" in Kemnitzerhagen seine Monatssitzung ab.
Vom 5. Bis 8. Oktober 1909 tagte in Stralsund der Pommersche Provinzial - Lehrerverein unter dem Vorsitz des Kollegen Rektor Juds (Kolberg).
Zu Beginn der Hauptversammlung sprach der Regierungspräsident Blomeyer (Stralsund) seinen Dank für die Einladung zu der Versammlung aus, der er ein reges Interesse entgegenbringe und wünschte der Tagung einen guten Verlauf.
Der Oberbürgermeister von Stralsund, Gronow, gab sein Erstaunen darüber Ausdruck, was der Provinziallehrerverein alles in den Bereich seiner Tätigkeit hineinziehe, ferner seiner Anerkennung über die aufgeführte Symphonie und die ausgestellten Sammlungen (Bücher, Zeitschriften, Lehrmittel u.a.). Landtagsabgeordneter von der Gröben dankte gleichzeitig von Malzahn für die Einladung und freute sich, auf diese Weise in Fühlung mit der Lehrerschaft treten zu können. (Juds war auch Landtagsabgeordneter.)
Prof. Dr. Wiegand, Rektor der Universität Greifswald, begrüßte im Namen der Universität die enge Verbindung zwischen Universität und Lehrerschaft, die insbesondere durch die Ferienkurse für Volksschullehrer an der Universität Greifswald zum Ausdruck kommen. Prof. Dr. Stengel (Greifswald) begrüßte die Versammlung als Reichstagsabgeordneter, als Professor der Universität und als persönlicher Freund.
Seminardirektor Schütze (Franzburg) freute sich, bei dieser Gelegenheit mit den Männern der Praxis bekannt zu werden. Lehrer Tews (Berlin), Vertreter des Deutschen Lehrervereins, hob in seiner Begrüßungsansprache die Treue gegen Schule und Volk hervor, gegen den Stand und gegen sich selbst. Rektor Vorpahl

(Magdeburg) begrüßte die Versammlung im Namen des Preußischen Lehrervereins. Der Vorsitzende des gastgebenden Stralsunder Lehrervereins Roth sprach und gab dem im Eingangsgesang zu Gehör gebrachten Wunsche der Lehrerschaft Ausdruck, in dem sie den Geist Petalozzis, den Geist der Liebe herabfleht. Möge die Versammlung in ihren Verhandlungen reiche Anregung, in ihren Festlichkeiten edlen Genuss bieten.

Erschienen waren auch der Reg.- und Schulrat, der Kreisschulinspektor Dr. Hornburg und Pastor Pfeiffer (Stralsund), die sich nachher an der Debatte im Anschluss an die Vorträge beteiligten.

In seinen Dankesworten brachte der Vorsitzende Rektor Juds u.a. zum Ausdruck, dass es das erste Mal sei, dass die Pommersche Lehrerversammlung durch den Präsidenten einer preußischen Regierung sowie durch Landtagsabgeordnete begrüßt werde (Beifall). Die Stadt begrüßt die Lehrer und zeige durch die Fahne auf dem Rathause, dass sie die Arbeit der Lehrer zu würdigen wisse. Die Verbindung zwischen Seminar und Lehrerschaft sei aufs Neue geknüpft worden. Ferner richtete der Vorsitzende Dankesworte an die Vertreter der Universität, des Deutschen, des Preußischen und des Stralsunder Lehrer - Vereins.

Vom 25. bis zum 30. April und vom 19. Bis zum 24. September nahm der Lehrer an einem für Lehrer eingerichteten Frühjahrs- und Herbstlehrgang für Obstbau und Obstverwertung an der Obst- und Gartenbauschule in Eldena teil. Für die Reise und die Teilnahme an den Lehrgängen zahlte die Landwirtschaftskammer eine Entschädigung.

Schulinventar am 3. Februar 1910:

Ausstattungsgegenstände und Gerätschaften:	408,10 Mark
gerahmte Bilder:	21,00 Mark
Lehrmittel:	149,45 Mark
Bücher:	99,95 Mark
Tabellen und Listen	29,00 Mark
zusammen:	707,50 Mark

Am 11. Februar verkaufte die Witwe Marie Sass, die mit ihrem ca. 20 Jahre alten Sohn Robert einige Jahre zusammengewirtschaftet hatte, ihr Grundstück mit Wohnhaus, Scheune, lebendem und totem Inventar für 5580 Mark an Wilhelm Schult aus Wieck, der am 1. April hier einzog.

Am 4. März 1910 besichtigte Bauunternehmer Buckow (Greifswald) die Schulgebäude zwecks Aufstellung eines Kostenanschlages über die auszuführenden Instandsetzungsarbeiten. Am 23. Juni 1910 erhielt die Schule einen neuen, geräumigen Schulschrank

Zum 13. Oktober 1910 wurden die Eigentümer nach dem Universitätskuratorium eingeladen zu Abschluss eines Pachtkontraktes über die sonst zum Kruge gehörenden Pachtländereien (wegen Pachtrückstandes). Am 15. Oktober übergab der Kurator persönlich die Pachtverträge an Ort und Stelle der Schönwalder Pächtergenossenschaft. Jeder erhielt 9 Morgen Acker und zweieinhalb Morgen Wiese zu je 15 Mark Pacht. Etwa 30 Morgen wurden als Dienstland mit je 6 Mark Anrechnungswert zur Försterei gelegt.

Am 4. Und 5. November 1910 pflanzte der Lehrer weitere 20 Obstbäume im Garten der Schule.

Am 11. Mai 1911 wurden die Schulbaulichkeiten durch einen Angestellten des Universitätsbauamtes besichtigt zwecks Erstattung eines Gutachtens an den Herrn Minister auf die Eingabe des Schulvorstandes an den Universitätskurator, betreffend den Schulneubau. Am 29. Mai 1911 besichtigte dann der Universitätskurator Dr. Irmer selbst die Schulgebäude im Beisein des Reg.-Baumeisters Lucht, des Kuratorial - Sekretärs Brüsch und des Ortsschulinspektors Pastor Tiedke.

Am 10. Juli 1911 erfolgte eine Baurevision durch zwei Herren der Kgl. Regierung in Stralsund.

Am 11. August 1911 erschien der Regierungs- und Schulrat Reddner aus Stralsund zur Schulrevision, traf aber keine Kinder an, da gerade Hitzeferien waren.

Am 13. September 1911 nahm der akademische Baumeister Dr. Lucht das Wirtschaftsgebäude der Schule in Augenschein. An seinen Zustand knüpft die Kgl. Regierung einen eventuellen Neubau des Schulhauses.

Am 12. Oktober 1911 prüfte ein akademischer Bautechniker den baulichen Zustand des Wirtschaftsgebäudes (Scheune) zwecks Abgabe eines Gutachtens an die Kgl. Regierung. Unter anderem stellte er durch Anbohren des Holzwerkes die Minderwertigkeit desselben fest.

Am 1. Juni 1911 hatte Hermann Hagemann jun. die Wirtschaft seines Vaters am Sanzer Weg für 7600 Mark übernommen, gegen Gewährung eines Altenteils für die Eltern bis zu ihrem Tode.

Am 28. Februar 1912 sah sich Amtsrat Burmeister (Diedrichshagen) die Schulgebäude an, um dem Universitätskurator berichten zu können, ob er sie eventuell als Arbeiterwohnung verwenden könne. Er beabsichtigte, in dem Haus einen verheirateten Gärtner unterzubringen.

Am 25. April legte der Lehrer in seinem Garten fünf Spargelbeete an und pflanzte am 21. Dezember zwei Walnussbäume. Davon wurde einer 1945 von fremder Hand abgesägt.

Am 10. Juni 1912 fand die diesjährige Baurevision durch den Unversitätskurator statt.

An 11. Juni 1912 besichtigte der akad. Forstmeister Tuebben die Schulgebäude, um sie eventuell späterhin als Wohnung für zwei Forstarbeiterfamilien ausbauen zu lassen (ist dann auch geschehen).

Am 1. Oktober 1913 wurde der Lehrer persönlich bei dem Kurator Geheimrat Bosse vorstellig wegen des Schulneubaues. Derselbe hatte bis dahin, obgleich er persönlich deswegen im Ministerium vorgesprochen und auch sonst auf Beschleunigung gedrungen hatte, nichts erreichen können. (Den Neubau muss die Universität als Gutsbesitzer aufführen und bedarf dazu der ministeriellen Genehmigung.) Auch die Kgl. Regierung drängt auf baldige Abhilfe. Der Kurator will jedoch noch einmal versuchen, die Angelegenheit in Gang zu bringen, und nimmt die Aussagen des Lehrers zu Protokoll, dass das Wohn- und Schlafzimmer sehr feucht und ungesund ist, so dass er Sorge trägt um die Gesundheit seines 7 Monate alten Kindes. Die Möbel, erst im vorigen Jahre neu beschafft, ruinieren, der bauliche Zustand des Hauses ist unerträglich usw. Grund der Verzögerung ist wahrscheinlich, dass man im Ministerium über die Rechtsfrage noch nicht einig ist, ob der Bau von der Schul- oder von der Kirchenabteilung auszuführen ist (Univ. = Kirchenabt?).

Am 11. Dezember 1913 revidierte Reg.- und Schulrat Reddner (Stralsund) die Schule.

Am 23. Januar 1914 besichtigen Reg- und Baurat Heldt (Stralsund) und Reg. Baumeister Dr. Lucht (Universität) die Schulgebäude. Der Neubau ist jetzt dem Schulvorstand übertragen, der jederzeit anfangen kann zu bauen. Das alte Schulgrundstück bis einige Meter hinter der Scheune soll verkauft oder anderweitig verwertet werden.

Der Schulvorstand hat einen Beschluss zu fassen und der Regierung zu berichten über die Aufbringung der Kosten des Neubaus. Er beschließt:

„Die Universität Greifswald zahlt die gesamten Kosten des Schulneubaues bar auf einem Brett." (Und so ist es geschehen.)

Die Dauer der Sommer- und Herbstferien zusammen wird auf 46 Tage festgesetzt. Die Lage und Dauer der Ferien im Einzelnen hat der Schulvorstand der Schulbehörde (Kreisschulinspektor) zur Genehmigung vorzuschlagen.

Ferientage in den Jahren 1905 bis 1914:

Jahr	Rübenferien	Sommer- (Ernte-) Ferien	Herbstferien
1905	16.6. - 6.7.	-	25.9. - 14.10.
1906	8. 6. - 27. 6.	-	22. 9. - 14. 10.
1907	10. 6. - 6. 7.	-	30. 9. - 12. 10.
1908	12. 6. - 2. 7.	-	28. 9. - 17. 10.
1909	17. 6. - 3. 7.	2. 8. - 11. 8.	27. 9. - 9. 10.
1910	9. 6. - 25. 6.	28. 7. - 6. 8.	26. 9. - 8. 10.
1911	9. 6. - 24. 6.	24. 7. - 3. 8.	28. 9. - 11. 10.
1912	11. 6. - 27. 6.	1. 8. - 10. 8.	30. 9. - 12. 10.
1913	12. 6. - 25. 6.	28. 7. - 9. 8.	29. 9. - 11. 10.
1914	6. 6. - 20. 6.	2. 8. - 18. 8.	2. 10. - 15. 10.
zusammen (1914):	15 Tage	17 Tage	14 Tage

Am 31. Juli 1914 wurde der Kriegszustand erklärt. Mobilmachungstag war der 2. August 1914. Damit nahm der 1. Weltkrieg seinen Anfang.

Zum 1. April 1915 wurde Lehrer Karl Schultz vom Pastor Tiedke (Weitenhagen) zum Lehrer und Küster in Weitenhagen gewählt. Da die Schulstelle in Groß Schönwalde wegen des Krieges nicht gleich wieder besetzt werden konnte, übernahmen die Lehrer Schultz und Krull (Weitenhagen) die Vertretung dortselbst. Nach der Einberufung des letzteren zum Militärdienst am 4. Juni 1915 übernahm Pastor Tiedke für ihn die Vertretung in Groß Schönwalde, bis im Laufe des Sommers der Lehrer Willi Bandelin von Misdroy hierher versetzt wurde und seinen Dienst am 1. August 1915 antrat.

Schülerzahl in Groß Schönwalde am 1. Mai 1915:

	Knaben	Mädchen	zusammen
Groß Schönwalde	14	13	27
Koitenhagen	5	8	13
Forst	-	1	1
Zusammen:	19	22	41

Lehrer Karl Schultz vor seinem Bienenstand in Groß Schönwalde.
Er war bis zu seinem Tode 1956 ein engagierter Imker.

Wegen des Krieges wurde das Schulbauprojekt auf Anraten der Kgl. Regierung zum Ruhen gebracht, jedoch wegen der Dringlichkeit im Jahre 1916/17 wieder aufgenommen, so dass der fertige Neubau am 25. Juni 1917 geweiht und darauf in Benutzung genommen werden konnte.
Ab dem 29. September 1933 wurde die Schulkasse auf die Gemeindekasse übernommen.
Am 26. März 1935 sind durch das Schulbeirätegesetz die Schulvorstände aufgehoben und die Schulbeiräte eingerichtet worden.
Die Volksschullehrer waren bis 1937 mittelbare Staatsbeamte (ein Mittelding zwischen Gemeindebeamten und Staatsbeamten). Durch das Beamtengesetz von 1937 wurden sie mittelbare Reichsbeamte, durch das Reichsgesetz vom 5. Juli 1939 unmittelbare Reichsbeamte und in der Besoldung den Inspektoren, die Schulleiter den Oberinspektoren gleichgestellt; nach dem Amtmann die höchste Stufe der mittleren Beamten. Die Laufbahn der höheren Beamten erforderte ein Universitätsstudium.

Mit Beginn des Schuljahres 1940 wurden die neuen „Richtlinien" vom 15. Dezember 1939: „Erziehung und Unterricht in der Volksschule" der Schularbeit zu Grunde gelegt. Sie traten anstelle der „Richtlinien für die Lehrpläne der Volksschulen" vom 24. November 1922.

Die Klassen werden jetzt vom 1. Schuljahr an gezählt. Vorher war das 8. Schuljahr die 1. Klasse.

Seit 1941 trat als Aufnahmetermin für die Schulneulinge anstatt des ersten Tages nach den Osterferien der erste Schultag nach den Sommerferien. Mit Beginn der „Einheitschule" 1946 wurde der 1. September jeden Jahres festgelegt.

Lehrer an der Schule in Groß Schönwalde:

1748: „ein gewisser Mann" (Name unbekannt)

1801 bis 1809: *Friedrich Ludwig Wenzel*, vorher Schneider in Wieck, hatte einige Zeit dem Seminarunterricht beigewohnt (Volksschullehrerseminar in Greifswald)

1809 bis 1833: *Joachim Friedrich Asmus*, ebenfalls ein Schneider

1833 bis 1882: *Emanuel Mehl*, vorher in Gladrow

10. November 1882 bis 31. Oktober 1900: *Wilhelm Schult*

1. November 1900 bis 31. März 1915: *Karl Schultz*, vorher in Gladrow

1. April bis 31. Juli 1915: vakant, Vertretung durch die Lehrer Krull und K. Schultz sowie Pastor Tiedke von Weitenhagen aus

1. August 1915 bis nach 1932 (?): *Willi Bandelin*, kam von Misdroy

bis 1945: *Hugo Peters*, während des 2. Weltkrieges 1939 bis 1945 vertreten durch Reimann (Wieck)

30. April bis 30. September 1945 (nach dem Zusammenbruch) war der Unterricht eingestellt

1. Oktober 1945 bis 31. Dezember 1945: *Gustav Weu*, vorher Lehrer in Greifswald

1. Januar 1946 bis 30. Juni 1947: *Otto Wurch* (starb in der Klinik in Greifswald)

1. September 1946 bis 6. Dezember 1946: *Dora Ursula Bigalk*

Bis zum Mai 1946 erteilte Frau *Anastasia Welke* (Eldena) von dort aus den russischen Sprachunterricht.

Nach Frau Welke erteilte Frau *Else Hausch* (Potthagen) den russischen Sprachunterricht bis zum 31. 12. 1949. An diesem Tage schied sie auf eigenen Wunsch aus dem Schuldienst aus.

Handarbeitslehrerin: *Frau Staiger* (Koitenhagen)

11. Dezember 1946 bis 1. Januar 1948: *Wolfgang Jürgens*, vertretungsweise von
          Weitenhagen aus
8. September 1947 bis 31. August 1948: *Brigitte Böhm*
1. Januar 1948 bis 31. März 1949: *Wilhelm Schröder* (nach Wolgast)
1. September 1948 bis 31. März 1950: *Eveline Altwasser*
1. September 1948 bis 13. März 1950: *Ursula Schult*
1. April 1949 bis 20. August 1950. *Baumann* (arbeitete auf dem Kreisschulamt)
1. April 1950 bis….: *Bennike*
1. April 1950 bis…..: *Heitmann*
          Ab 1. Januar 1950 erteilt Lehrer Otto Dietrich (Weitenhagen) eine
          Zeitlang den russischen Sprachunterricht.
13. Januar 1950 bis 31. August 1950: *Frau Remus* (vertretungsweise von
          Weitenhagen aus)
1. September 1950 bis….: *Herbert Moeck* (aus Perlberg)
1. Januar 1951 bis………: *Frau Bartel*

Regierungs- und Schulräte (Stralsund)
(ohne Gewähr für Lückenlosigkeit):

bis 1855: Furchau
1855: Wantrup
vor 1860: Neumann
um 1860: Dr. Hahn
um 1870: Dalmer
um 1882: Cremer
bis nach 1900: Mass
um 1904: Banse
um 1910: Reddner
um 1920: Hassenstein
          v. Vultejus (bis 30. 9. 1929)
um 1930: Bonitz

Am 1. Oktober 1932 wurden die Regierungsbezirke Stralsund und Stettin vereinigt
und die Verwaltung von Stralsund nach Stettin verlegt.

seit dem 16. Juni 1942 bis 1945: Regierungs- und Schulrat Otto, Stettin

Kreisschulinspektoren und Kreisschulräte:

1821 bis 1843: Dr. Ziemssen, Superintendent in Hanshagen
um 1859: Superintendent Dr. Pelt, Kemnitz
um 1864: Superintendent Dankwardt, Gützkow
um 1880: Superintendent Hofmeyer, bis 1881 in Weitenhagen, bis 1882 in
          Hanshagen
1882 bis 1908: Superintendent Hoppe, Hanshagen
(ab dem 15. Februar 1913 wird das Amt geteilt in Greifswald I und II)
nach ihm: Greifswald I: Superintendent Probst Hoppe, Gützkow
bis 30. September 1913: Greifswald II: Pastor Tiedke, Weitenhagen
ab dem 1. Oktober 1913 gibt es hauptamtliche Kreisschulinspektoren
          (Kreisschulräte)
1. Oktober 1913 bis zum 31. März 1917: Schulrat Gercke (Greifswald)
1. April 1917 bis 31. März 1928: Kreisschulrat Dr. Eggers (Greifswald)
1. April 1928 bis 1933: Kreisschulrat Paul Hoffmann (Greifswald)
1933: vertretungsweise Rektor Lindow (Wolgast)
18. September 1933 bis Juni 1936: Kreisschulrat Hube, vorher Lehrer in Leist
Juni 1936 bis 15. Juni 1942: Kreisschulrat Otto (Greifswald)
16. Juni 1942 bis 17. März 1943: Kreisschulrat Ganske (Anklam)
18. März 1943 bis 31. Dezember 1944: Kreisschulrat Ziemer (Barth)
1. Januar 1945 bis 28. April 1945: Kreisschulrat Krabbe (Greifswald)
bis Juli 1945: Kreisschulrat Paul Hoffmann (Greifswald)
bis September 1945: Kreisschulrat Buchholz (Greifswald)
bis 31. August 1950: Kreisschulrätin Hühn (Greifswald)
Seit dem 1. September 1953 gibt es den „Vorsitzenden der Abteilung Volksbildung
beim Rat der Stadt Greifswald": Schulrat Burmeister. Ihm zur Seite stehen zwei
Schulinspektoren, Atze nördlich und Frau Preysing südlich der Anklamer
Chaussee.

Es gab einen Kreis - Ausbildungsleiter (für Junglehrer):
1. Januar 1947 bis 31. August 1950: Block
Ab dem 1.September 1950: Anton Schmidt

Hilfskräfte des Kreisschulrats waren:

1. 10. 1945 bis 31. 12.1946: Schulrat Block, für die Umgebung von Greifswald
1. 10. 1945 bis 1. 9. 1946: Schulrat Markus, für Wolgast und Umgebung
Ab dem 1. September 1946 bis 1947/48: Schulrat Möller, Lubmin, für den Kreis
        Greifwald, nördlich der Bahn
Ab 1. September 1946 bis 1947/48: Schulrat Block, für den Kreis Greifswald,
        südlich der Bahnstrecke

Ortsschulaufsicht, Ortsschulinspektoren
waren die Pastoren:

1717 bis 1735: Corswandt, Weitenhagen
1737 bis 1757: Franz Lüders, Weitenhagen
1758 bis 1783: Magister Heinrich Mellendorf, Weitenhagen
22. Februar 1784 bis 16. November 1825: Wienrich, Weitenhagen
1. April 1827 bis Oktober 1836: Klöpper, Weitenhagen
19. Februar bis Dez.1844: Wollenburg, Weitenhagen
22. Dezember 1844 bis 16. April 1851: Michels, Weitenhagen
März 1852 bis Herbst 1860: Schmidt, Weitenhagen
Dezember 1860 bis Ostern 1881: Hofmeier, Weitenhagen
11. Januar 1882 bis 30. September 1908: Lic. Vogt, Weitenhagen
1. Oktober 1908 bis 1. März 1909: Dr. Bauerfeind, Behrenhoff (in Vertretung)
1. März 1909 bis 30. September 1919: Tiedke, Weitenhagen
Mit dem 1. Oktober 1919 (nach dem 1. Weltkriege) wurde die geistliche
Ortsschulinspektion aufgehoben. Die Funktionen des Ortsschulinspektors wurden
dem hauptamtlichen Kreisschulrat bzw. dem Schulleiter übertragen.

Patronat der Schule
Universität Greifswald
Vertreten durch den Amtshauptmann, bzw. Kurator:

1735: Samuel Kratzius
1758: Samuel v. Tigerström
1776: Heinrich Detlow v. Platen
1785: Moritz v. Platen

1796: Theodor Fischer
1821: Dr. Wilhelm Holthoff
1832: Johann Christoph Holm
1844: Samuel Heinrich Susemihl
1861: Conrad Hermann Friedrich Haenisch
Ab dem 1. Oktober 1885 Universitätskuratoren:
1889: Baumstark
1890: Steinmetz (21. 3.)
1890: Drechsler (14. 10.)
bis etwa 1908: v. Hausen
1909: Dr. Irmer
um 1913 bis 1928: Geheimrat Dr. Bosse, Dr. Sommer
etwa 1940 bis 1945: Kolbe, Kunert
bis März 1949: der letzte Universitätskurator: Wohlgemuth
dann gibt es einen „Verwaltungsdirektor", der dem Rektor der Universität
verantwortlich ist:
1949 bis 1950: Roethe (er wurde von der SED zurückgezogen)

Diedrichshagen und seine Schule

Diedrichshagen gehört zum Kirchspiel Groß Kiesow. Die Kirchenordnungen von
Groß Kiesow von 1535 und 1565 schreiben den Küstern dortselbst ausdrücklich die
Schulhaltung vor.
Diedrichshagen wurde in der 2. Hälfte des 13. Jahrhunderts von sassischen (aus
dem mittelniedersächsischen bis westholländischen Raum stammenden)
Einwanderern erbaut. 1633 waren dort 4 Bauleute (Bauern); 2 Höfe wüst
(Dreißigjähriger Krieg), ferner ein Halbhufner und 2 Kossäten (Besitzer einer
kleinen Kate mit wenig Land) mit zusammen 16 Hakenhufen (je 15 Magdeburger
Morgen: 1 Magdeburger Morgen entspricht 0,25 Hektar). Die Feldmark war die
unergiebigste unter allen Gemarkungen des Kirchspiels, weit unter dem mittleren
Reinertrag stehend. Den leichten Boden suchte man durch Schafhaltung (bis zu
1200 Stück) zu nutzen. Um 1650 warf das Bauerdorf noch mit sassischen
Einwanderern nicht einmal die Hälfte des erhofften Betrages ab.
Dem ersten akademischen Amtshauptmann zu Eldena, Georg Völschow, wurde
Diedrichshagen - Ackerwerk nebst Schäferei 1634 verpfändet, weil er der

Akademie (Universität) zur Einrichtung ihres Amtes Eldena 7000 Gulden auf 12 Jahre vorgestreckt hatte. Nachdem die Bauern in Diedrichshagen gelegt waren, wurde es als Vorwerk eingerichtet, ohne Büdnereien oder Privateigentumsstellen. Es bestand nur aus dem Gutshaus nebst den Tagelöhnerkaten und Wirtschaftsgebäuden.

1865 erhielt Diedrichshagen eine eigene Schule. Bis dahin besuchten die Diedrichshagener Schulkinder die Hanshagener Schule. Der weite und mit vielen Unannehmlichkeiten verbundene Schulweg durch den Diedrichshagener Wald veranlasste die Tagelöhner, bei dem derzeitigen Pächter Amtsrat Burmeister und der Universität als Eigentümerin des Gutes um Einrichtung einer Schulstelle am Ort vorstellig zu werden. Und so bekam Diedrichshagen 1865 eine eigene einklassige Schule. Sie wurde in einem Hause aus Lehmstampfung, das dafür umgebaut wurde, mit 4 achtsitzigen Bänken eingerichtet und lag am Wege nach Guest, wo heute (1949) das Konsumgeschäft untergebracht ist.

Der Lehrer erhielt ein Gehalt von jährlich 100 Thalern aus der Universitätskasse, ein Schulgeldfixum aus der Schulkasse (durch Beiträge der Einwohner) von etwa 25 Thalern, freie Wohnung (3 Stuben, Kammer, Küche, Speisekammer und Keller im Schulhause), Stall, Garten, freie Weide und Auffütterung einer Kuh auf dem Gutshofe, einen halben Morgen bestellten Landes zum Kartoffelanbau, jährlich 6 (alte) Scheffel (zu 55 Liter) Roggen, 6 Scheffel Gerste vom Gutshof, 25 Thaler aus der Universitäts - Forstkasse zur Anschaffung von Brenn- und Heizmaterial, freie Anfuhr von Holz und Torf.

Vorher zahlte die Diedrichshagener Schulkasse jährlich 18 Thaler an die Schulkasse in Hanshagen. Jede Familie hatte dazu 44 Silbergroschen beizutragen. Jetzt mussten die Schulkassenbeiträge erhöht werden, so dass 29 ½ Thaler aufgebracht wurden. Die das Schulgeldfixum von 25 Thalern übersteigenden 4 ½ Thaler wurden zu anderen Zwecken für die Schule verwendet. Mancherlei Verbesserungen kleinerer und größerer Art wurden im Laufe der Zeit an der Schule vorgenommen. Zweimal, und zwar in den Jahren 1898 und 1915, wurde sie umgebaut. Beim letzteren Umbau wurden die anstoßenden Zimmer des mit dem Schulhause unter einem Dach liegenden Nachbarhauses zur Lehrerwohnung hinzugenommen. Er belastete das Schulhaus mit einer Hypothek von 6000 Mark. Die bauliche Unterhaltung des alten Grundstücks hat im Laufe der Zeit viel Geld gekostet.

Als das Gut Diedrichshagen an die Berliner Landbank verkauft und von dieser 1927 bis 1930 das Gut aufgesiedelt wurde, war man genötigt, sich wieder der

Schulbaufrage anzunehmen. Da bei dem voraussichtlichen Anwachsen der Schülerzahl der Klassenraum von 25 Quadratmetern Größe für z.Zt. etwa 35 Kinder zu klein werden würde, gab die Landbank zur Abstellung der baulichen Mängel des Hauses und zur Anschaffung einer völlig neuen Inneneinrichtung und Renovierung der Lehrerwohnung den Betrag von 12000 Mark.

Nachdem nun das neue Dorf von den Siedlern bezogen war, zeigte es sich, dass man über die Verwendung des Geldes in einem Umbau oder Durchbau des alten Gebäudes geteilter Ansicht sein konnte. Eine Abschätzung des Grundstückes ergab einen Wert von 4000 bis 4500 Mark. So tauchte der Plan eines Neubaus auf. Dazu fehlte aber ein namhafter Betrag, den die Siedler allein nicht aufzubringen vermochten.

Denn bald musste man weiter erkennen, dass die ganze Siedlung Diedrichshagen wegen der minderwertigen Bodenverhältnisse ein Fehlgriff war. Die Drainagen funktionierten nicht. Gleich in den ersten Jahren gingen die Erträge größerer Flächen durch Wasser zugrunde. Die Wiesen waren versauert und lieferten unzulängliches Futter. Den Sand- und Moorsandschlägen war trotz künstlichem Dünger nicht der erhoffte Ertrag abzuringen. Denn es ist so, dass der Reisende auf der Chaussee nach Anklam nur durch das „glückliche Diedrichshagen" kommt. Von den Gemarkungen hinter dem schönen Wald, der jetzt (seit 1945) restlos der Axt zum Opfer fällt, und nach Guest hinüber, sieht er nichts. Ein besonders trauriges Ereignis sind schon immer die Sandstürme gewesen, von den Siedlern sehr gefürchtet, da sie ganze Saaten versanden.

Neben den Siedlungen blieb noch ein größerer Resthof mit dem Acker nördlich der Chaussee bestehen, der von dem Landwirt Malmus bewirtschaftet wurde.

Nach längeren Verhandlungen sagte die Regierung in Stettin zu, zum Schulneubau 1935 den fehlenden Betrag von 12000 Mark zur Verfügung zu stellen, und mit Hilfe des Siedlungsbetrages und des Erlöses aus dem Verkauf des alten Schulgrundstückes wurde nun 1936 dem alten gegenüber ein neues, schönes, gesundes und massives Gebäude geschaffen. Die Siedler aus Diedrichshagen leisteten die Spanndienste und Handwerksmeister, Unternehmer und Arbeiter des Landkreises Greifswald führten die Arbeiten aus. Am 20. Januar 1937 wurde das neue Haus dem Schulbetrieb übergeben. Lehrer Kaletta erteilte dort den ersten Unterricht.

Seit Einrichtung der Einheitsschule am 1. September 1946 besuchen die Schule in Diedrichshagen nur die dortigen Kinder des 1. bis 4. Schuljahres. Die größeren gehen nach Groß Schönwalde.

Im Dezember 1945 wurden erstmalig Landrektorate eingerichtet und die Schule Diedrichshagen dem Rektorat Weitenhagen (12. 12. 1945, Rektor Karl Schultz) zugeteilt.

Ab dem 3. Januar 1946 wurde der russische Sprachunterricht Pflichtfach im Schulunterricht, vom 5. Schuljahr an wöchentlich 3 Stunden. Den Unterricht erteilte die russische Sprachlehrerin Frau Anastasia Welke (Eldena) bis zum Mai 1946. Nach ihr übernahm ihn Frau Elise Hausch (Potthagen) bis zum 31. 12. 1949, mit welchem Tage sie auf eigenen Antrag aus dem Schuldienst ausschied. Lehrer Otto Dietrich aus Weitenhagen, derzeit bis zu den Sommerferien in Groß Schönwalde, übernahm den Unterricht.

Am 2. September 1946 begann das neue Schuljahr im Rahmen der Einheitsschule. Die Kinder des 1. Schuljahres (9 Kinder), des 2. Schuljahres (16 Kinder), des 3. Schuljahres (6 Kinder) und des 4. Schuljahres (3 Kinder) blieben in Diedrichshagen. Die Kinder des 5. Schuljahres (4 Kinder), des 6. Schuljahres (2 Kinder), des 7. Schuljahres (5 Kinder) und des 8. Schuljahres (5 Kinder) wurden der Schule in Groß Schönwalde zugeteilt.

Ab dem 19. Dezember 1946 gehört Diedrichshagen zu dem neu eingerichteten Rektorat Hanshagen, das die Schulleiterin Fräulein Stümke kommissarisch verwaltet. Hanshagen gehörte bis dahin zum Rektorat Weitenhagen.

Am 1. Oktober 1947 erfolgte der Zusammenschluss der Gemeinden des Kreises zu einem Kreisschulverband zur Aufbringung der Kosten für die äußere Schulunterhaltung. Die Lehrergehälter zahlt die Landeskasse. Der Kreisschulverband wurde Ende 1950 wieder aufgelöst, da die öffentlichen Einnahmen und Ausgaben der Gemeinden, Kreise, Volkseigenen Betriebe, Schulen usw. zentral geregelt werden (Finanzamt, Deutsche Notenbank).

Am 5. Juni 1948 siedelte Frau Wurch (am 30. 6. 1947 war der Kollege Wurch, Groß Schönwalde, gestorben) von Groß Schönwalde in das Schulhaus in Diedrichshagen über, nachdem sie einen einjährigen Lehrgang für landwirtschaftliche Berufsschullehrerinnen in Stralsund absolviert hatte. In Diedrichshagen übernahm sie den Unterricht an der neu eingerichteten Berufsschule und unterrichtete von hier aus auch an der landwirtschaftlichen Berufsschule in Hanshagen. Die landwirtschaftliche Berufsschule in Diedrichshagen wurde am 24. Oktober 1950 wieder aufgelöst, die Jugendlichen nach Hanshagen umgeschult und Frau Wurch nach Wolgast versetzt.

Ab dem 1. September 1948 ist Lehrer Starck aus Weitenhagen als kommissarischer Rektor nach Hanshagen gegangen, am 1. 9. 1950 von dort nach Lubmin versetzt worden. Seit dem 1. Januar 1949 ist Diedrichshagen wieder dem Rektorat Weitenhagen zugeteilt (Rektor Otto, ab dem 1. September 1950 Schirmer).

Da die Schülerzahl in Diedrichshagen für die landwirtschaftliche Berufsschule schon von Anfang an nicht ausreichte, wurden vom 18. Januar 1949 an die Jugendlichen aus Guest, die bis dahin der landwirtschaftlichen Berufsschule in Weitenhagen zugewiesen waren, nach Diedrichshagen übernommen, und zwar jedes Jahr die jeweilige erste Berufsschulklasse, so dass nach 3 Jahren sämtliche Schüler aus Guest nach Diedrichshagen eingeschult sein würden. Jetzt (1950) sind die Guester der Betriebs - Berufsschule in Koitenhagen zugeteilt.

Ab dem 1. September 1950 wurde Kreisschulrätin Hühn Nachfolgerin von Kreisschulrat Renn. Rektor Anton Schmidt wurde Kreisausbildungsleiter anstelle von Schulrat Block, der nach Stralsund ging.

Die Kinder der Klassen 5 bis 8 aus Diedrichshagen, die solange die Schule in Groß Schönwalde besuchten, wurden nach Hanshagen umgeschult.

Die Landrektorate wurden in Schulbezirke umbenannt. Der Rektor führt von jetzt an die Amtsbezeichnung „Bezirksschulleiter".

Lehrer an der Schule in Diedrichshagen:

1865 bis 30. 9. 1872 : *Julius Bürger*, geb. 26. 2. 1834 Seminar Kammin
   1852 bis 1855. im Amt seit 1855, 2. Prüfung 1860. 1872 nach Weitenhagen
   versetzt

1. 10. 1872 bis 1879 : *Heinrich Vollmann*, Seminar Franzburg 1869 bis 1872. 1879
   nach Sanz versetzt.

1879 bis 1896 : *Brandt*, Seminar Franzburg 1879 bis 1882. Nach Alt Pansow
   versetzt.

ca. 1890 bis 1. 10. 1930 : *Hermann Gramms*, Seminar Franzburg 1883 bis 1886.
   Lehrer in Gladrow und Alt Pansow, war dann fast 40 Jahre in Diedrichshagen.

1. 10. 1930 bis 1945 : *Richard Kaletta*.

1. 10. 1945 bis 31. 12. 1945 : Konrektor *Hebel* (Umsiedler).

1. 1. 1946 bis 15. 1. 1946 : *Frau Reefke*, Junglehrerin, ab 15. 1. 1946 nach
   Hanshagen.

15. 1. 1946 bis 31. 8. 1946 : *Otto Wurch*, in Vertretung von Groß Schönwalde aus,
   Seminar Bütow.

1. 9. 1946 bis 31. 8. 1949 : *Fritz Warstat*, Junglehrer. 1. 9. 1949 nach Schmatzin,
   1950 Kreisschulrat in Usedom.

bis 31. 12.1946: neben Warstat : *Fräulein Liebenwald* aus Greifswald, ausgebildet als technische Lehrerin.

5. 6. 1948 bis 24. 10. 1950: Frau *Hildegard Wurch*, landwirtschaftliche Berufsschullehrerin in Diedrichshagen, von wo aus sie auch Hanshagen mit Versieht, nach Wolgast versetzt.

1. 9. 1940 : *Falkenberg*

Anhang

Die folgenden Karten und Tabellen beinhalten eine Übersicht über die Orts- und Flurnahmen der Umgebung von Weitenhagen.
Sie sind eine Kopie aus:
SCHULTZ, K.: Heimatgeschichte von Weitenhagen.- Books on Demand,
    Norderstedt, 2014. - 176 S., S.94 - 98

Die wichtigsten in diesem Buch beschriebenen Lokalitäten sind mit roten Zahlen in der Karte:

71 „Weisse Buche"
72 Fischbrutanstalt
73 Quelle in Koitenhagen
74 Greifswalder Wasserwerk in Diedrichshagen
75 Greifswalder Wasserwerk in Groß Schönwalde
76 Chausseehaus in Koitenhagen
81 Gutshof Koitenhagen
82 Försterei Koitenhagen
83 Gasthaus „Zur Quelle" Koitenhagen
84 Hof I Groß Schönwalde
85 Hof II Groß Schönwalde
86 Dorf Groß Schönwalde
87 Hof III Groß Schönwalde

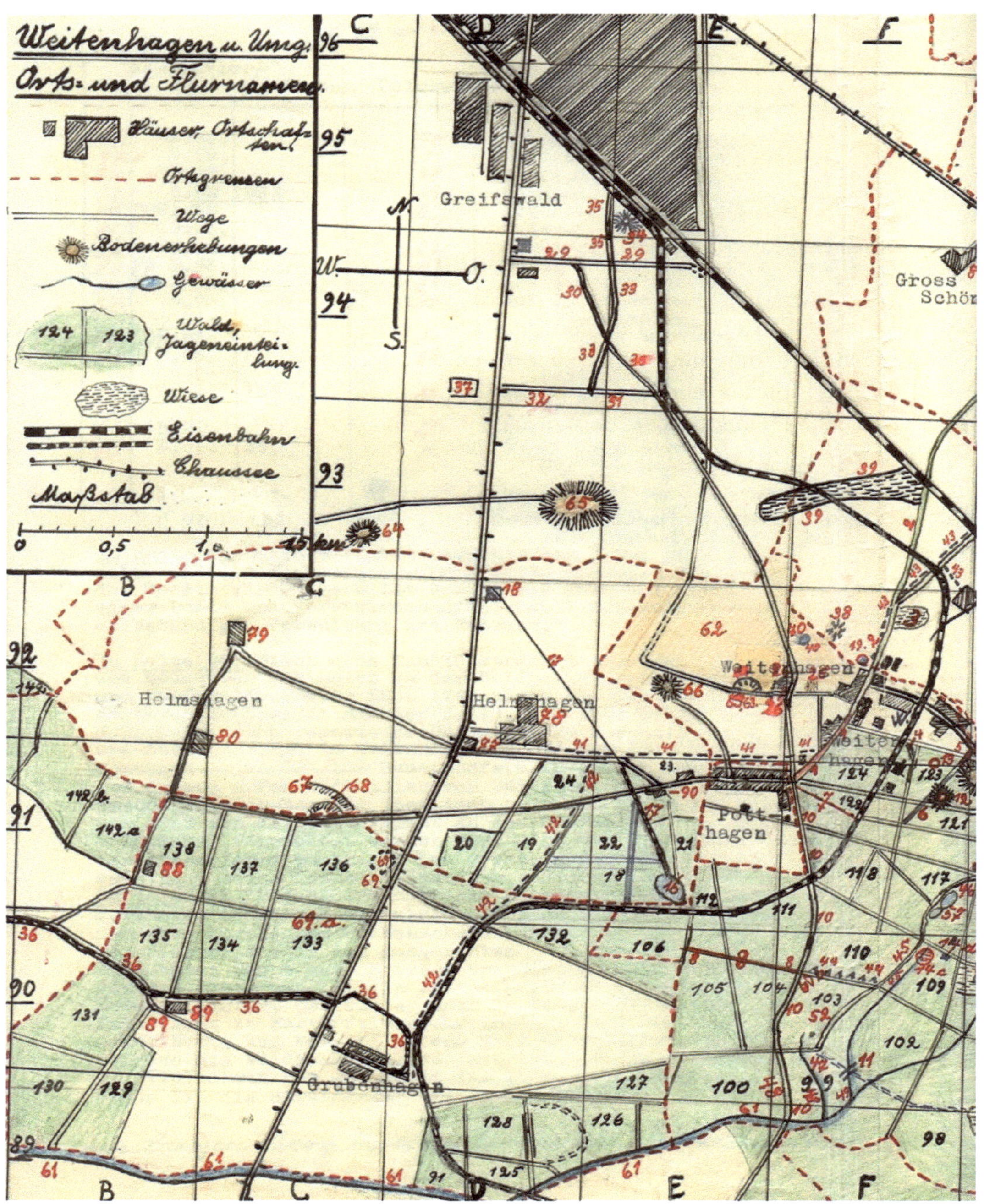

Weitenhagen u. Umg.
Orts- und Flurnamen.
Häuser, Ortschaften.
Ortsgrenzen
Wege
Bodenerhebungen
Gewässer
Wald, Jageneintei-
lung.
Wiese
Eisenbahn
Chaussee
Maßstab
0   0,5   1,0   1,5 km
Greifswald
Gross
Schön
Weitenhagen
Weitenhagen
Helmshagen
Helmshagen
Pott-
hagen
Grubenhagen

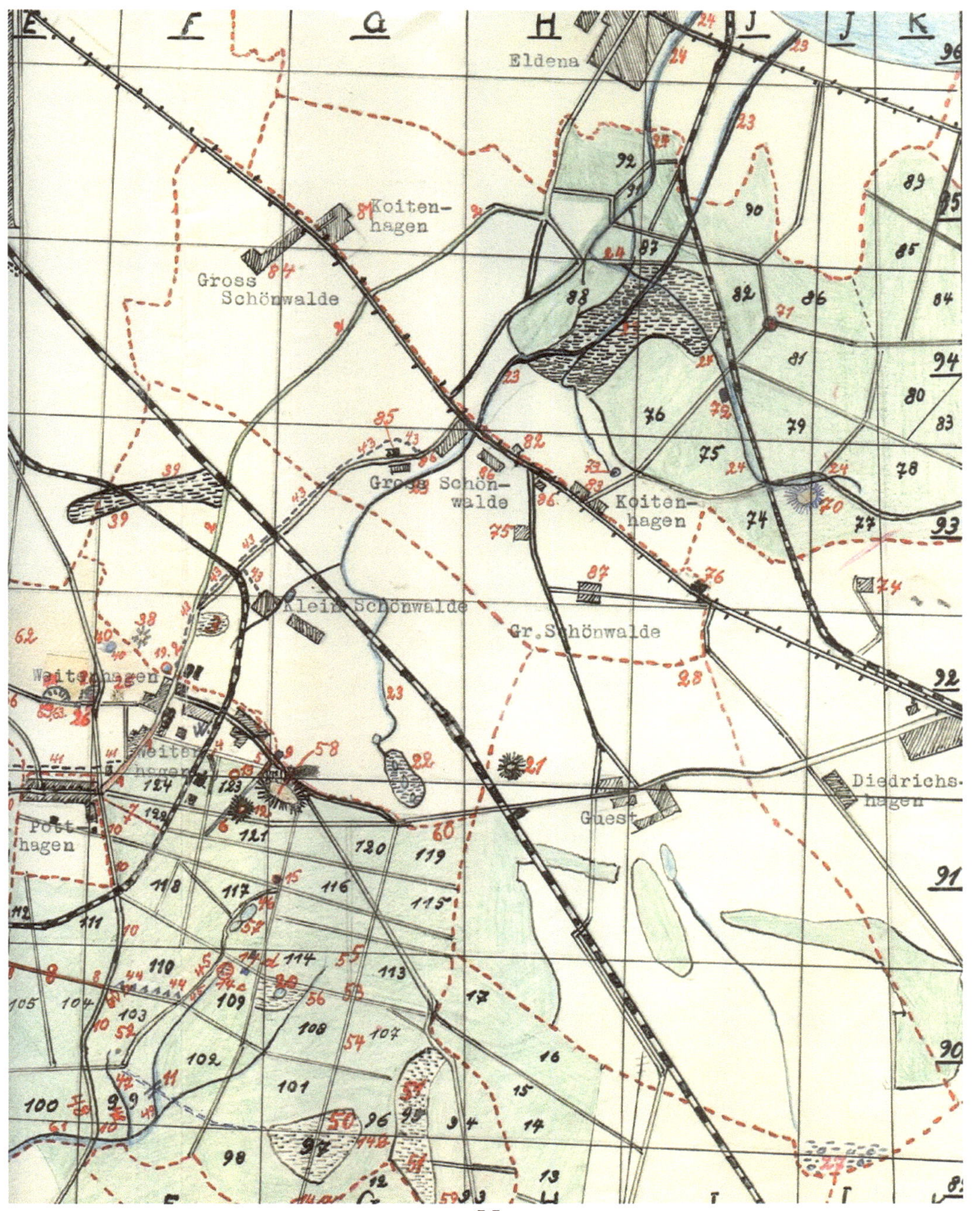

Eldena
Koiten-
hagen
Gross
Schönwalde
Gross Schön-
walde
Koiten-
hagen
Gr. Schönwalde
Klein Schönwalde
Weitenhagen
Weiten-
hagen
Pött-
hagen
Guest
Diedrichs-
hagen

Nr.	Kartenviereck	Jagen	Zeichen	Orts-und Flurname
1.	F.91/92	124	1	Trift
2.	FGH92-95	. .	2	Priesterweg
3.	F.92.	. .	3	Parrwisch (Pfarrwiese)
4.	F.91/92	124	4	Backofenste
5.	F.91/92	123	5	Messweg(Mistweg)
6.	F.91.	121	6	Studentensteig
7.	F.91.	122	7	Hegemeistersteig, den der Hegemeister Plagens von der Försterei aus zu seinen Dienstgängen in den Wald zu benutzen pflegte
8.	E.90	112/111 105/104	8	Saubahn
9.	F.G.92.	. .	9	Scheperhof(Schäferei)
10.	F.89-91.	122.118. 110.111. 103.99.	10	Behrenhöfer Weg
11.	F.90.	99/102.	11	Herkulesbrücke
12.	F.91.	123.	12	Schwedenschanze
13.	F.91.	123.	13	Hünengrab
14.a.	G.89.	96/98.	14a	"Drei Grenzen"
14.b.	G.89/90.	96.	14.b	Bullhörner
14.c.	F.90.	109.	14c	Papenmoor
14.d.	F.90.	109.	14d	Heuschuppen. Brannte 1945 ab.
15.	G.91.	117.	15	Plagenslinde. (Zum 10. Februar 1937 dem 70jährigen Geburtstage des Hegemeisters Plagens, wurde dieser dadurch geehrt, dass der ehemalige Forstmeister von Malzahn dies besonders schön gewachsene Linde in einer Feierstunde mit der Aufschrift "Plagenslinde" versehen hat.)
16.	E.91.	21.	16	Tonkule
17.	D.E.91.	21.	17	Tonbahn
18.	D.92.	. .	18	Ziegelei (1911/12 abgebrochen)
19.	F.92.	. .	19	Weidenteich (Krusendiek)
20.	G.90.	108.	20	Salamanderteich (im Försteracker)
21.	H.92.	. .	21	Pavillonsberg.
22.	G.91/92.	. .	22	Birkenmoor
23.	G.H.I. 92-96.	87/88.	23	Bierbach
24.	H.I.	93-96. 74.75. 87.91.92.	24	Forellenbach
25.	F.92.	. .	25	Mühlenberg
26.	E.F.92.	. .	26	Gurkenbusch
27.	J.89.	. .	27	Walachei.
28.	Ø/J.92.	. .	28	Mühlenacker
29.	D.E.94.	. .	29	Schwarzer Weg
30.	D.E.94.	. .	30	Frühere Fortsetzung des Landweges nach Greifswald von der Kleinbahnstrecke aus.
31.32.	D.E.94.	. .	32 33	Heutige Fortsetzung des Landweges nach Greifswald von der Kleinbahnstrecke aus
31. 33.29.	D.E.94.	. .	31	
31. 33.35.	D.E.94/95.	. .		
34.	E.95.	. .	34	Garzberg
33.35.	D.E.94/95.	. .	35	Garzberger Weg
36.	B.C.D.90.	133/135.	36	Rübenbahn Grubenhagen, Subzow Dersekow, Friedrichsfelde (Bespannte Loren. Feldbahn)

Nr.	Karten-viereck	Jagen	Zeichen	Orts- und Flurname
37.	D.94.	. .		Judenfriedhof 1933 zerstört
38.	F.92.	. .		Jungfernberg
39.	F.93.	. .		Jungfernwiese
40.	F.92.	. .		Lehmkule(im Pfarracker)
41.	D.E.91.92.	.		Kirchsteig nach Helmshagen
42.	D.91/92	24.19. 132.		Kirchsteig nach Grubenhagen
43.	FG.92/93.	. .		Kirchsteig nach Klein Schön- walde und Gross Schönwalde.
44.	F.90.	110.		Fichtenwand
45.	F.90.	109/110		Poetensteig
46.	F.91.	117.		Dieckmanns Ruh(am Sölkensee)
47.	F.89/90	99.		Hunn'nkäksch (Hundeküche)

Dort lag ein flacher Stein,der seinerzeit als
Herd benutzt wurde,um das Mittagsfutter für
die Hunde des Försters aufzuwärmen

Nr.	Karten-viereck	Jagen	Zeichen	Orts- und Flurname
48.	E.F.89/90.	Jag.100.		"In der Schwinge"
49.	F.90.	99.		Brandmühlengraben (Quellarm der Schwinge)
50.	G.89/90	97.		Rehbruchswiese.
51.	H.89/90.	93.94.		Behrenhorst
52.	F.90.	103.		Totenkammer
53.	G.90.	114. 113 108. 107		Schneiders Ruh
54.	G.90.	107/108.		Eckernkamp(Eichbusch)
55.	G.90/91.	114.		Löpers Hütte
56.	G.90.	108.		Alter Acker
57.	FG.91.	117.		Sölkensee
58.	G.91.	123.		Langer Berg.(Am Langen Berg die Bismarckeiche.)
59.	H.89.	93.		Schillerstein, ein mannshoher Feldstein,30–50m im Walde,etwa

100 m von der hintersten Ecke der Behrenhorster Wiese

Nr.	Karten-viereck	Jagen	Zeichen	Orts- und Flurname
60.	G.H.91.	119.		Kronenholz
60.a	F.90.	103/110.		Hexenkessel
61.	B.bis F	100.126. 89. 125.130.		Schwinge
62.	EF 92/93			Pfarracker
63.	E.92.	. .		Gemeindesandgrube
64.	C.93.	. .		Studentenberg
65.	D.93.	. .		Martensberg
66.	E.92.	. .		Jölckenberg
67.	C.91.	. .		Vossberg
68.	C.91.	. .		Städtische Sandgrube
69.	C.91.	136.		Zigeuner-Sandkule.(Mit Vorliebe

von den Zigeunern zum Lagern benutzt.)

Nr.	Karten-viereck	Jagen	Zeichen	Orts- und Flurname
69.a	C.90.	133.		"Die zwei alten Realisten-Buchen
70.	I.J.93.	77.		Ebertsberg(schon vor 1918
71.	J.94.	81.82.86.		Weisse Buche
72.	J.94.	75.		Fischbrutanstalt
73.	H.93.	. .		Quelle in Koitenhagen
74.	J.93.	. .		Greifswalder Wasserwerk in Diedrichshagen
75.	H.93.	. .		Greifswalder Wasserwerk in Gr.Schönwalde

Nr.	Kartenvier-eck	Jagen	Zeichen	Orts- und Flurname
76.	J.93.		76	Chausseehaus Koitenhagen
77.	D.92.		77	Chausseehaus Helmshagen
78.	D.92.		78	Hauptgut Helmshagen
79.	C.92 (92)		79	Nebenhof I Helmshagen
80.	BC91/92		80	Nebenhof II Helmshagen
81.	G.95.		81	Gutshof Koitenhagen
82.	H.93.		82	Försterei Koitenhagen (bis 1945)
83.	FG H.93.		83	Gasthaus "Zur Quelle" Koitenhagen
84.	FG94/95.		84	Hof I Gross Schönwalde
85.	G.93.		85	Hof II Gr.Schönwalde (seit 1919 Siedlung)
86.	GH.93.	. .	86	Dorf Gross Schönwalde
87.	H.93.	. .	87	Hof III Gross Schönwalde (seit 1945 Hof II)
88.	B.91.	138 .	88	Forstarbeiterhaus Grubenhagen
89.	B.90.		89	Försterei Grubenhagen
90.	E.91.	23.	90	Forstarbeiterhaus Helmshagen
13.	F.91.	123.	✳ 13	Hünengrab
	F.90.	109.		Kösterbek (Bach), Land an einem Quellbach der Schwinge.

Häuser am Kirchsteig nach Klein Schönwalde,
links die „Alte Schule"
(Aufnahmedatum unbekannt)